Duh, Suflet şi Trup I

Povestea misterioasă a căutării sinelui

Duh, Suflet şi Trup I

Dr. Jaerock Lee

URIM BOOKS

Duh, Suflet şi Trup I de dr. Jaerock Lee
Publicat de către editura Urim Books (Reprezentant: Kyungtae Noh)
73, Yeouidaebang-ro 22-gil, Dongjak Gu, Seul, Coreea
www.urimbooks.com

Citatele bilice au fost extrase din versiunea Dumitru Cornilescu şi Biblia Fidela.

Publicată anterior în limba coreeană de către editura Urim Books în 2009

Prima ediţie apărută în mai 2015

Editor dr. Geumsun Vin
Designul executat de către editura Urim Books
Pentru informaţii suplimentare contactaţi-ne la: urimbook@hotmail.com

Cuvânt înainte

În general, oamenii vor să aibă parte de success şi să ducă o viață fericită şi confortabilă. Dar, chiar dacă au bani, putere şi faimă, niciunul din ei nu poate scăpa de moarte. Shir Huang-di, primul împărat al Chinei antice a căutat un elixir al vieții, dar nici el nu a putut evita moartea. Însă, prin Biblie, Dumnezeu ne-a învățat Calea spre viața veşnică. Această viață vine prin Isus Cristos.

După ce L-am primit pe Isus Cristos şi am început să citesc Biblia, m-am rugat să înțeleg inima lui Dumnezeu pe deplin. Dumnezeu mi-a răspuns după şapte ani de rugăciuni şi perioade de post nenumărate. După ce am deschis o biserică, Dumnezeu mi-a explicat multe pasaje din Biblie, greu de înțeles, prin inspirația Duhului Sfânt. Unul din subiecte conține multe detalii despre „Duh, Suflet şi Trup." Această carte este o istorisire misterioasă care ne ajută să înțelegem originea oamenilor şi să ne cunoaştem pe noi înşine. Este o istorisire pe care nu am auzit-o în nicio altă parte şi îmi conferă o bucurie de nedescris.

Când am prezentat mesajele despre duh, suflet şi trup, am primit multe răspunsuri şi mărturii atât din Coreea cât şi de peste hotare. Mulţi spun că au ajuns astfel să se cunoască pe ei înşişi, au înţeles cine sunt, au primit răspunsuri la pasaje dificile din Biblie şi au aflat cum pot ajunge la viaţa adevărată. Unii dintre aceştia spun că doresc să devină oameni duhovniceşti, să se facă părtaşi naturii divine a lui Dumnezeu după cum găsim scris în 2 Petru 1:4 *„prin care El ne-a dat făgăduinţele Lui nespus de mari şi scumpe, ca prin ele să vă faceţi părtaşi firii dumnezeieşti, după ce aţi fugit de stricăciunea, care este în lume prin pofte."*

Sun Tzu în *Arta Războiului* scrie că, dacă te cunoşti pe tine însuţi şi îţi cunoşti duşmanul, nu vei pierde nicio luptă. Mesajele despre „Duh, Suflet şi Trup" aruncă o rază de lumină asupra profunzimilor „eului" nostru şi ne învaţă lucruri despre originea omului. Odată ce înţelegem şi ne însuşim acest mesaj în întregime vom putea înţelege orice persoană. De asemenea, vom învăţa modalităţile de a învinge forţele întunericului, care ne afectează, şi astfel vom putea duce o viaţă creştină victorioasă.

Îi mulţumesc pe această cale lui Geumsun Vin, directoarea Biroului editorial, şi celor care s au dedicat publicării acestei cărţi. Sper să fiţi binecuvântaţi în toate lucrurile, să fiţi sănătoşi iar sufletului vostru să îi meargă bine şi să continuaţi să fiţi părtaşi firii lui Dumnezeu.

iunie 2009,

Jaerock Lee

Începutul călătoriei de cunoaştere a duhului, sufletului şi trupului

„Dumnezeul păcii să vă sfinţească El însuşi pe deplin;
şi: duhul vostru, sufletul vostru şi trupul vostru,
să fie păzite întregi, fără prihană la venirea Domnului nostru Isus Hristos"
(1 Tesaloniceni 5:23).

Teologii au păreri împărţite vivazi de părţile din care se compun fiinţelor umane, oscilând între dihotomie şi trihotomie. Teoria dihotomiei spune că omul are două componente: duh şi trup, în timp ce teoria trihotomiei susţine că omul este compus din trei părţi: duh, suflet şi trup. Această carte se bazează pe teoria trihotomistă.

În general, cunoştinţele se împart în cunoştinţe despre Dumnezeu şi cunoştinţe despre om. Este foarte important să ajungem să Îl cunoaştem pe Dumnezeu în timpul vieţii noastre pe acest pământ. Putem duce o viaţă împlinită şi putem primi viaţa veşnică când înţelegem inima lui Dumnezeu şi facem voia Sa.

Omul a fost creat după chipul şi asemănarea lui Dumnezeu şi nu poate trăi fără Dumnezeu. Fără El, oamenii nu pot înţelege cu adevărat de unde provin. Doar când Îl cunoaştem pe Dumnezeu putem răspunde la întrebările despre originea omului.

Duhul, sufletul şi trupul ţin de un domeniu care nu poate fi înţeles doar prin cunoştinţele, înţelepciunea şi puterea omenească. Cunoştinţe în acest domeniu putem primi doar de la Dumnezeul care a creat omul. Relaţia este într-un fel similară cu cea dintre un calculator şi cel care l-a construit. Persoana respectivă are cunoştinţele profesionale despre componentele şi principiile de funcţionare ale calculatorului, prin urmare poate repara şi rezolva orice problemă legată de funcţionarea lui. Această carte conţine cunoştinţe spirituale care ţin de a patra dimensiune şi ne oferă răspunsuri clare despre duh, suflet şi trup.

Lucrurile specifice pe care le pot învăţa cititorii din această carte sunt următoarele:

1. Când înţeleg din punct de vedere spiritual ce este duhul, sufletul şi trupul – elementele din care sunt alcătuiţi oamenii – cititorii pot să se cerceteze pe sine înşişi şi astfel pot înţelege sensul vieţii.

2. Cititorii vor ajunge să înţeleagă cine sunt cu adevărat şi ce fel de persoane au devenit. Această carte prezintă un mod prin care cititorii pot să ajungă să spună ca şi apostolul Pavel în 1 Corinteni 15:31 *„În fiecare zi eu sunt în primejdie de moarte"*, să ajungă la sfinţenie şi să devină oameni duhovniceşti pe placul lui Dumnezeu.

3. Vom putea evita să cădem în cursa duşmanului diavolul şi a lui Satan şi vom primi puterea de a învinge întunericului numai când vom înţelege lucrurile acestea. După cum a spus Isus *„dacă Legea a numit «dumnezei» pe aceia, cărora le-a vorbit Cuvântul lui Dumnezeu, – şi Scriptura nu poate fi desfiinţată"* (Ioan 10:35) această carte descrie o scurtătură prin care cititorii pot să se facă părtaşi firii dumnezeieşti şi pot primi binecuvântările promise de Dumnezeu.

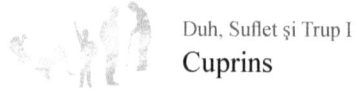

Partea 3 Reînvierea duhului

Duh, Suflet și Trup II
Cuprins

Partea 1 Spațiul vast al lumii spirituale

Capitolul 1 Întunericul și lumina
Capitolul 2 Cerințele necesare pentru a intra
             în spațiul luminii

Partea 2 Duhul, sufletul și trupul în spațiul spiritual

Capitolul 1 Diferitele locașuri
Capitolul 2 Duhul, sufletul și trupul în spațiul spiritual

Partea 3 Depășirea limitelor omenești

Capitolul 1 Spațiul lui Dumnezeu
Capitolul 2 Chipul lui Dumnezeu

Partea 1

Originea lucrurilor pământești

Care este originea omului?

De unde venim şi încotro ne îndreptăm?

Tu mi-ai întocmit rărunchii,
Tu m-ai ţesut în pîntecele mamei mele:
Te laud că sînt o făptură aşa de minunată.
Minunate sînt lucrările Tale,
şi ce bine vede sufletul meu lucrul acesta!
Trupul meu nu era ascuns de Tine,
cînd am fost făcut într-un loc tainic,
ţesut în chip ciudat, ca în adîncimile pămîntului.
Cînd nu eram decît un plod fără chip,
ochii Tăi mă vedeau;
şi în cartea Ta erau scrise toate zilele cari-mi erau rînduite,
mai înainte de a fi fost vreuna din ele..
- Psalmul 139:13-16

Capitolul 1

Concepte despre lucrurile carnale, pământeşti

Trupul omului se transformă într-un pumn de ţărână cu trecerea timpului;
tot ce mănâncă omul, toate lucrurile pe care le vede, le aude şi de care se bucură,
precum şi toate lucrurile făcute de mâna lui sunt exemple de lucruri „pământeşti."

- Ce sunt lucrurile pământeşti?

- Dacă trăiesc în fire, oamenii sunt nevrednici şi lipsiţi de orice semnificaţie

- Toate lucrurile din univers aparţin unor dimensiuni diferite

- Dimensiunile de grad superior subordonează şi îşi exercită controlul

  asupra dimensiunilor de grad inferior

De-a lungul istoriei umane, oamenii au căutat răspuns la întrebarea „Ce este omul"? Răspunsul la această întrebare ne va ajuta să răspundem la alte întrebări de genul „Care este scopul vieţii noastre?" şi „Cum trebuie să ne trăim viaţa?" S-au făcut multe studii, analize şi s-a reflectat pe tema existenţei omului în filozofie şi religie, dar nu este uşor de găsit un răspuns clar şi concis.

Cu toate acestea, oamenii continuă să caute în mod repetat răspunsuri care conduc la întrebări cum ar fi „Ce fel de fiinţă este omul?" şi „Cine sunt eu?" Răspunsurile la astfel de întrebări pot deveni soluţia la problemele fundamentale ale existenţei umane. Studiile omeneşti nu pot oferi un răspuns clar la aceste întrebări, dar Dumnezeu poate. El a creat universul şi toate lucrurile din univers, apoi a creat omul. Răspunsul corect la aceste întrebări Îl are doar Dumnezeu. Biblia, care este Cuvântul lui Dumnezeu, răspunde la aceste întrebări.

Teoreticienii deseori spun că omul este alcătuit din două părţi: „duh" şi „trup." Mintea şi aspectele care ţin de ea intră la categoria „duh", iar trupul şi aspectele fizice vizibile se numesc „trup." Însă, Biblia spune că fiinţa umană este formată din trei părţi: duh, suflet şi trup.

În 1 Tesaloniceni 5:23 citim: *„Dumnezeul păcii să vă sfinţească El însuşi pe deplin; şi: duhul vostru, sufletul vostru şi trupul vostru, să fie păzite întregi, fără prihană la venirea Domnului nostru Isus Hristos."*

Duhul şi sufletul nu sunt unul şi acelaşi lucru. Nu doar denumirea lor este diferită, ci şi esenţa. Pentru a înţelege „omul" trebuie să înţelegem ce sunt trupul, sufletul şi duhul.

Ce sunt lucrurile carnale, pământeşti?

Pentru început, haideţi să ne uităm la definiţia din dicţionar a cuvântului „carnal." Dicţionarul Merriam-Webster defineşte cuvântul carnal ca ceea ce ţine de carne, adică de părţile moi ale trupului unui animal, în special al unei vertebrate; şi anume: părţile componente ale muşchilor scheletali, spre deosebire de organele interne, oase şi tegument. Se poate referi şi la părţile comestibile ale unui animal. Dar, pentru a înţelege la ce anume se referă Biblia când foloseşte cuvântul „carnal" va trebui să definim sensul spiritual al cuvântului mai degrabă decât să folosim definiţia dată de dicţionar.

Biblia foloseşte cuvintele „carnal" şi „pământesc" foarte des. În cele mai multe cazuri, ele au o semnificaţie spirituală. În sens spiritual, cuvântul pământesc se referă la lucrurile pieritoare, care se schimbă şi, în final, dispar. De asemenea, se referă şi la lucruri murdare şi necurate. Copacii care au frunze verzi se usucă şi mor într-o zi iar crengile şi trunchiul lor devin lemn de foc. Copacii, plantele şi toate lucrurile din natură mor, se descompun şi dispar cu trecerea timpului. Prin urmare, toate acestea spunem că sunt pământeşti.

Ce putem spune despre om, care stăpâneşte peste toate creaturile? În lume trăiesc astăzi cam 7 miliarde de oameni. În fiecare moment, undeva pe Pământ, se nasc bebelaşi, în timp ce altundeva mor oameni. Când decedează, trupurile lor se transformă într-un pumn de ţărână, astfel că şi ei sunt pământeşti. Mai mult, hrana consumată, limbile vorbite, alfabetele care redau gândurile, precum şi civilizaţiile ştiinţifice şi tehnologice de care au nevoie oamenii sunt pământeşti. Ele sunt pieritoare, se schimbă şi dispar cu trecerea timpului. Prin urmare, tot ceea ce este pe Pământ şi putem vedea, şi toate lucrurile din univers pe care le ştim sunt pământeşti.

Oamenii, care s-au îndepărtat de Dumnezeu, sunt fiinţe pământeşti. Ceea ce produc este pământesc. Ce anume caută şi ce produc oamenii pământeşti? Sunt mânaţi doar de pofta firii pământeşti, pofta ochilor şi lăudăroşenia vieţii. Civilizaţiile pe care le-a dezvoltat omul sunt doar pentru a-i satisface cele cinci simţuri. Oamenii trăiesc doar pentru a căuta plăceri şi pentru a-şi satisface dorinţele şi poftele fireşti. Cu trecerea timpului, oamenii au căutat lucruri mai senzuale şi mai provocatoare. Cu cât civilizaţia avansează, cu atât oamenii devin mai corupţi şi mai dedaţi poftelor lor.

Sunt lucruri pământeşti care se vad şi altele care nu se văd.

Biblia spune că ura, mânia, invidia, crima, adulterul şi toate lucrurile care au de a face cu păcatul sunt pământeşti sau fireşti. După cum mireasma florilor, aerul, vântul sunt invizibile şi firea păcătoasă din inima omului este invizibilă. Toate acestea aparţin de firea pământească. Prin urmare, "pământesc" este un termen general care se referă la toate lucrurile din univers care sunt pieritoare şi se schimbă de-a lungul timpului, şi toate nedevărurile precum păcatul, răul, nelegiuirea, şi fărădelegea.

Romani 8:8 spune: *"Deci, cei ce sunt pământeşti, nu pot să placă lui Dumnezeu."* Dacă "pământesc" în acest verset se referă doar la trupul fizic al omului, atunci înseamnă că nici o fiinţă umană nu va putea să placă vreodată lui Dumnezeu. Prin urmare, acest cuvânt trebuie că are un înţeles mai larg.

Isus a spus în Ioan 3:6 *"Ce este născut din carne, este carne, şi ce este născut din Duh, este duh"*, şi în Ioan 6:63 *"Duhul este acela care dă viaţă, carnea nu foloseşte la nimic; cuvintele, pe care vi le am spus Eu, sunt duh şi viaţă."* "Carnea" în acest context se referă de asemenea la lucrurile care se schimbă şi pier, de aceea Isus a spus că nu folosesc la nimic.

Dacă se limitează doar la cele pământeşti, oamenii sunt nevrednici şi lipsiţi de orice semnificaţie

Spre deosebire de animale, oamenii caută anumite valori bazându-se pe sentimentele lor şi pe ceea ce cred. Acestea însă nu sunt eterne, ci tot pământeşti. Lucrurile pe care oamenii le consideră valoroase cum ar fi avuţiile, faima şi cunoştinţa sunt şi ele deşarte şi vor pieri în curând. Ce putem spune însă de sentimentul numit „dragoste"? Când se întâlnesc, doi îndrăgostiţi s-ar prea putea să spună că nu pot trăi unul fără altul. Însă, multe cupluri de genul acesta se răzgândesc după ce se căsătoresc. Se mânie repede, devin frustraţi şi chiar violenţi doar pentru că nu le place ceva. Aceste schimbări care au loc la nivelul sentimentelor ce ţin tot de lucrurile pământeşti. Dacă se limitează la lucrurile pământeşti, oamenii nu se diferenţiază prea mult de animale sau plante. În ochii lui Dumnezeu, toate lucrurile sunt pământeşti şi ele vor pieri şi vor dispărea.

În 1 Petru 1:24 ni se spune: *„Căci orice făptură este ca iarba, şi toată slava ei, ca floarea ierbii. Iarba se usucă şi floarea cade jos"* iar în Iacov 4:14 găsim scris: *„Şi nu ştiţi ce va aduce ziua de mâine! Căci ce este viaţa voastră? Nu sunteţi decât un abur, care se arată puţintel, şi apoi piere."*

Trupul şi toate gândurile oamenilor sunt deşarte pentru că s-au îndepărtat de Cuvântul lui Dumnezeu care este duh. Împăratul Solomon s-a bucurat de toată onoarea şi splendoarea de care se poate bucura un om pe acest pământ, dar şi-a dat seama de deşertăciunea lucrurilor pământeşti: *„O, deşertăciune a deşertăciunilor, zice Eclesiastul, o deşertăciune a deşertăciunilor! Totul este deşertăciune. Ce folos are omul din toată truda pe care şi-o dă sub soare?"* (Eclesiastul 1:2-3)

Toate lucrurile din univers aparțin unor dimensiuni diferite

În fizică și matematică poziția în spațiul dimensional este determinată de una, două sau trei coordonate. Un punct de pe o linie are o singură coordonată și este unidimensional. Un punct dintr un plan are două coordonate și este bidimensional. Tot astfel, un punct dintr-un spațiu are trei coordonate și este tridimensional.

Din punctul de vedere al fizicii, spațiul în care trăim este tridimensional. În fizica avansată timpul este considerat a patra dimensiune. Aceasta este înțelegerea pe care o are știința asupra dimensiunilor.

Din punctul de vedere al duhului, sufletului și trupului dimensiunea se poate împărți, în general, în dimensiune fizică și dimensiune spirituală. Pe urmă, dimensiunea fizică are mai multe categorii, de la „non-dimensiune" la „dimensiunea a treia." Termenul „non-dimensiune" se referă la lucrurile care nu au viață. Pietrele, solul, apa și metalele intră în această categorie. Toate viețățile se încadrează la una dintre prima, a doua sau a treia categorie dimensională.

Prima dimensiune se referă la ceva ce are viață și respiră, dar nu se poate deplasa, neavând această funcție. Această dimensiune include florile, iarba, pomii și alte plante. Acestea au trup dar nu au suflet și duh.

A doua dimensiune include vietăţi care respiră, se pot mişca şi au trup şi suflet. Sunt animale cum ar fi leii, vacile, oile sau păsări, peşti şi insecte. Câinii îşi recunosc stăpânul şi latră la străini pentru că au suflet.

A treia dimensiune include fiinţele care respiră, se deplasează şi au suflet şi duh în trupurile lor care sunt vizibile. Se referă la fiinţele umane care stăpânesc peste toate vieţuitoarele. Spre deosebire de animale, oamenii au duh. Ei pot să gândească şi să-L caute pe Dumnezeu şi pot să aibă credinţă în El.

Mai există o a patra dimensiune pe care nu o vedem cu ochiul liber. Este dimensiunea spirituală. Dumnezeu, care este duh, oastea cerească, îngerii şi heruvimii aparţin acestei dimensiuni.

Dimensiunile de grad superior subordonează şi îşi exercită controlul asupra dimensiunilor de grad inferior

Vietăţile care aparţin celei de-a doua dimensiuni pot subordona şi îşi pot exercita controlul asupra celor care aparţin de prima dimensiune, adică de o dimensiune de grad inferior. Fiinţele din a treia dimensiune pot subordona şi îşi pot exercita controlul asupra vietăţilor din cea de-a doua dimensiune sau dintr-o dimensiune de grad inferior. Vietăţile din dimensiunile de grad inferior nu au capacitatea de a înţelege dimensiunile de grad superior. Formele de viaţă din prima dimensiune nu pot înțelege cea de a doua dimensiune, iar cele din a doua dimensiune nu pot înțelege pe cele din a treia dimensiune. De exemplu, să presupunem că un om seamănă anumite semințe în pământ, le udă și le îngrijește. După ce sămânța încolțește, crește și ajunge un pom care apoi aduce roadă. Sămânța nu înțelege ce i-a făcut omul. Când viermii sunt călcați în picioare de oameni, ei nu înțeleg de ce. Dimensiunile de grad superior au control și pot subordona pe cele de grad inferior, dar cele de grad inferior nu au de ales decât să fie sub controlul celor de grad superior.

Tot astfel, ființele umane care sunt din a treia dimensiune nu înțeleg lumea spirituală care ține de a patra dimensiune. Astfel, oamenii pământești nu pot face nimic când e vorba de controlul și de subjugarea din partea demonilor. Însă, dacă ne lepădăm de firea pământească și devenim oameni ai duhului, putem intra în cea de-a patra dimensiune și astfel putem învinge și supune duhurile rele.

Dumnezeu, care este duh, dorește ca și copiii Săi să înțeleagă a patra lume dimensională. În acest fel, vor înțelege voia lui Dumnezeu, Îl vor asculta și vor primi viață. În Geneza capitolul 1, înainte ca Adam să fi mâncat din pomul cunoștinței binelui și răului, el stăpânea și avea control peste toate lucrurile. La început, Adam fusese un suflet viu și aparținuse celei de-a patra dimensiuni. Dar, după ce a păcătuit, duhul lui a murit. Acum, nu doar Adam dar și urmașii lui aparțin de a treia dimensiune. Haideți să vedem cum anume oamenii, creați de Dumnezeu, au căzut în a treia dimensiune și cum pot ajunge din nou la a patra dimensiune!

Capitolul 2
Creația

Dumnezeu, creatorul, are un plan uimitor pentru cultivarea umană.
El a împărțit spațiul Său în spațiu fizic și spațiu spiritual și a creat Cerul și pământul, precum și tot ce este în ele.

1. Împărțirea misterioasă a spațiilor

2. Spațiul fizic și spațiul spiritual

3. Omul are duh, suflet și trup

Dumnezeu a existat singur în univers încă dinaintea începutului lumii. A existat ca lumină şi ca stăpânitor peste tot ce mişcă în spaţiile din vastul univers. În 1 Ioan 1:5 găsim scris că Dumnezeu este lumină. Acest lucru se referă în primul rând la lumina spirituală, dar şi la faptul că Dumnezeu a existat ca lumină de la început.

Nimeni nu I-a dat naştere lui Dumnezeu. Este o fiinţă perfectă care nu a fost creată. Prin urmare, nu trebuie să încercăm să-L înţelegem prin puterea şi cunoştinţele noastre limitate. Ioan 1:1 deţine secretul despre „începuturi." Versetul spune *„La început a fost Cuvântul."* Astfel se poate explica forma lui Dumnezeu: Cuvântul în lumini misterioase şi frumoase, stăpânind peste toate spaţiile din Univers.

Aici, „începutul" se referă la un moment dinainte de eternitate, un moment pe care oamenii nu şi l pot imagina. Acesta a avut loc înainte de „începutul" din Geneza 1:1, care este începutul creaţiei. Ce s-a întâmplat înainte de crearea lumii?

1. Împărţirea misterioasă a spaţiilor

Lumea spirituală nu este foarte departe. Există porţi care sunt conectate cu lumea spirituală în diferite locuri de pe cerul vizibil.

După ce a trecut o perioadă îndelungată, Dumnezeu a vrut să aibă pe cineva cu care să-Şi împărtăşească dragostea şi toate lucrurile. Dumnezeu are o natură divină şi în acelaşi timp una umană, de aceea doreşte să împărtăşească tot ce are cu alţii, în loc să se bucure de ele de unul singur. Reflectând la acest lucru, Dumnezeu a plănuit cultivarea umană. Potrivit acestui plan, Dumnezeu a creat omul, l-a binecuvântat să crească şi să se înmulţească, să câştige multe suflete care să devină asemenea lui Dumnezeu şi pe care să le ducă în Împărăţia Cerească. În mod asemănător, fermierii cultivă grânele, le strâng şi pun recolta în hambar.

Dumnezeu a ştiut că va fi nevoie de un spaţiu spiritual unde să locuiască El şi de unul fizic în care să aibă loc cultivarea umană. Astfel, a împărţit vastul univers în lumea spirituală şi cea fizică. Din acel moment, Dumnezeu a început să existe ca Trinitate, adică Dumnezeu Tatăl, Fiul şi Duhul Sfânt. Pentru cultivarea umană care urmă să aibă loc în viitor era nevoie de Isus Mântuitorul şi de Duhul Sfânt Mângâietorul.

Apocalipsa 22:13 spune: *„Eu sunt Alfa şi Omega, Cel dintâi şi Cel de pe urmă, Începutul şi Sfârşitul."* Acest verset vorbeşte despre Dumnezeul Triun. „Alfa şi Omega" se referă la Dumnezeu Tatăl, care este începutul şi sfârşitul cunoşterii şi a civilizaţiei omeneşti. „Cel dintâi şi cel de pe urmă" se referă la Dumnezeu Fiul, Isus, care este cel dintâi şi cel de pe urmă în mântuirea umană. „Începutul şi sfârşitul" se referă la Duhul Sfânt care este începutul şi sfârşitul cultivării umane.

Isus, Fiul, are rolul de Mântuitor. Duhul Sfânt mărturiseşte despre Mântuitor şi este un Ajutor care duce la îndeplinire mântuirea oamenilor. Biblia Îl prezintă pe Duhul Sfânt în mai multe feluri comparându-L cu un porumbel sau cu limbi de foc; mai este numit şi „Duhul Fiului lui Dumnezeu." Galateni 4:6 spune: „Şi pentru că sunteţi fii, Dumnezeu ne-a trimis în inimă Duhul Fiului Său, care strigă: «Ava», adică: «Tată»!", iar în Ioan 15:26 găsim scris: *„Când va veni Mângâietorul, pe care-L voi trimite de la Tatăl, adică Duhul adevărului, care purcede de la Tatăl, El va mărturisi despre Mine."*

Dumnezeu Tatăl, Fiul şi Duhul Sfânt au preluat diferite roluri pentru a duce la îndeplinire cultivarea umană şi au discutat planul împreună. Găsim acest lucru în consemnările despre creaţie din Geneza capitolul 1.

Geneza 1:26 spune: *„Apoi Dumnezeu a zis: «Să facem om după chipul Nostru, după asemănarea Noastră; el să stăpânească peste peştii mării, peste păsările cerului, peste vite, peste tot pământul şi peste toate târâtoarele care se mişcă pe pământ.»"* Aceasta nu înseamnă că oamenii sunt făcuţi doar după asemănarea exterioară a lui Dumnezeu Tatăl, Fiu şi Duhul

Sfânt ci şi că duhul, care constituie esenţa fiinţei umane, este dat de Dumnezeu şi acest duh este după asemănarea Dumnezeului Sfânt.

Lumea fizică şi lumea spirituală

Când Dumnezeu a existat de unul singur, nu a trebuit să facă distincţie între lumea fizică şi cea spirituală. Însă, pentru cultivarea umană, trebuia să existe o lume fizică în care să locuiască fiinţele umane. Acesta a fost motivul pentru care a separat lumea fizică de lumea spirituală.

Separarea lumii fizice de cea spirituală nu a fost o separare completă, în sensul că nu au fost delimitate două spaţii diferite ca şi cum am avea două jumătăţi separate ale unui întreg. De exemplu, să presupunem că într-o încăpere sunt două gaze diferite. Dacă adăugăm o substanţă chimică care să facă unul dintre gaze să pară a fi roşu la culoare, atunci îl vom putea distinge de celălalt gaz. Deşi în încăpere sunt două gaze diferite, ochii noştri îl pot vedea doar pe cel de culoare roşie. Chiar dacă celălalt gaz nu este vizibil, este totuşi prezent.

Tot astfel, Dumnezeu a împărţit vastul spaţiu spiritual în lumea fizică, vizibilă, şi lumea spirituală, invizibilă. Desigur, lumea fizică şi lumea spirituală nu există în acelaşi fel în care există cele două gaze din exemplu. Ele par a fi separate, dar se suprapun. În acelaşi timp, par a se suprapune şi totuşi sunt separate.

Ca dovadă că lumea fizică şi cea spirituală sunt separate una de cealaltă în mod misterios, Dumnezeu a aşezat porţi spre lumea spirituală în mai multe locuri din univers. Lumea spirituală nu se află undeva, la mare depărtare. În multe locuri de pe cerul vizibil, se găsesc porţi spre acea lume. Dacă Dumnezeu ne-ar deschide ochii spirituali am putea vedea, în foarte multe cazuri, lumea spirituală prin aceste porţi.

Când Ştefan, plin de Duhul Sfânt, L-a văzut pe Isus stând la dreapta lui Dumnezeu, ochii săi spirituali au fost deschişi şi a văzut o poartă deschisă spre lumea spirituală (Faptele Apostolilor 7:55-56).

Ilie a fost ridicat la Cer înainte să moară. Domnul Isus a mers la Cer după înviere. Moise şi Ilie s au arătat pe Muntele Schimbării la Faţă. Putem înţelege cum au avut loc aceste evenimente dacă acceptăm faptul că există porţi spre lumea spirituală.

Universul este imens ca mărime şi infinit ca volum. Regiunea vizibilă de pe pământ (universul perceptibil) este o sferă cu raza de aproximativ 46 miliarde de ani lumină. Dacă lumea spirituală se găseşte la capătul universului fizic, chiar şi cea mai rapidă aeronavă va avea nevoie de o perioadă de timp infinită pentru a ajunge la lumea spirituală. De asemenea, vă puteţi imagina ce distanţă ar fi trebuit să parcurgă îngerii între lumea spirituală şi cea fizică? Însă, datorită existenţei acestor porţi spre lumea spirituală, care pot fi închise şi deschise, se poate trece cu uşurinţă din lumea spirituală şi cea fizică ca pe o uşă.

Dumnezeu a creat patru ceruri

După ce Dumnezeu a împărţit universul în lumea spirituală şi cea fizică, le-a despărţit în mai multe ceruri în funcţie de nevoi. Biblia menţionează că nu există doar un singur Cer, ci mai multe. De fapt, ne spune că sunt mai multe Ceruri decât putem vedea cu ochii fizici.

Deuteronom 10:14 spune: *„Iată, ale Domnului, Dumnezeului tău, sunt cerurile şi cerurile cerurilor, pământul şi tot ce cuprinde el"*, iar în Psalmul 68:33 citim *„Cîntaţi Celui ce călăreşte pe cerurile cerurilor vecinice! Iată că se aude glasul Lui, glasul Lui cel puternic!"* În 1 Împăraţi 8:27 împăratul Solom a spus: *„Dar ce! Va locui oare cu adevărat Dumnezeu pe pământ? Iată că cerurile şi cerurile cerurilor nu pot să Te cuprindă: cu cât mai puţin casa aceasta pe care Ţi-am zidit-o eu!"*

Dumnezeu a folosit cuvântul „Cer" când s-a referit la lumea spirituală pentru ca noi să înţelegem mai uşor spaţiile care aparţin acestei lumi. Cerurile au fost, în general, împărţie în patru părţi. Spaţiul fizic care include pământul, sistemul nostru solar, galaxia noastră şi întreg universul alcătuiesc primul Cer.

Începând cu al doilea Cer, vorbim de spaţiile spirituale. Grădina Edenului şi spaţiul unde sunt duhurile rele se află în al doilea Cer. După ce Dumnezeu a creat omul, a făcut Grădina Edenului, care este zona plină de lumină din al doilea Cer.

Dumnezeu l-a dus pe om în Grădină şi i a dat stăpânire peste toate lucrurile (Geneza 2:15).

Scaunul de domnie al lui Dumnezeu se află în al treilea Cer. Este Împărăţia Cerului unde vor locui copiii lui Dumnezeu care au fost mântuiţi prin cultivarea umană.

Cerul al patrulea este Cerul originar în care Dumnezeu a existat singur ca lumină înainte să fi despărţit spaţiile. Acesta este un spaţiu misterios în care totul ia fiinţă după cum nutreşte Dumnezeu în minte. De asemenea, este un loc nelimitat de timp şi spaţiu.

2. Spaţiul fizic şi spaţiul spiritual

De ce atâţia învăţaţi biblici au încercat să găsească Grădina Edenului dar nu reuşit? Pentru că se află în al doilea Cer, care aparţine de lumea spirituală.

Spaţiul pe care Dumnezeu l-a separat poate fi împărţit în cel fizic şi cel spiritual. Pentru copiii pe care îi va avea după cultivarea umană, Dumnezeu a creat Împărăţia Cerurilor în al treilea Cer şi a aşezat pământul în primul Cer ca loc pentru cultivarea umană.

Primul capitol din cartea Geneza descrie procesul creaţiei care a durat şase zile. Dumnezeu nu a făcut un pământ perfect şi complet de la bun început. Prima dată a făcut pământul, iar apoi cerul, folosind mişcări tectonice şi fenomene meteorologice. Dumnezeu a depus mult efort timp îndelungat şi uneori a venit pe pământ să vadă cum merg lucrurile fiindcă pământul urma să fie locul de unde Îşi va strânge copiii preaiubiţi şi adevăraţi.

Fetuşii cresc în siguranţă în lichidul amniotic din pântec. Tot astfel, după ce pământul a fost modelat şi i s-au pus bazele, a fost acoperit de o întindere de apă. Aceasta a fost apa vieţii care venea din al treilea Cer. Ca rezultat al faptului că a fost acoperit cu apa vieţii, pământul a fost în sfârşit gata ca toate vietăţile să poată trăi pe el. Apoi, Dumnezeu a început creaţia.

Spaţiul fizic în care are loc cultivarea umană

Când Dumnezeu a spus „Să fie lumină" în prima zi a creaţiei, lumina spirituală a venit de la scaunul de domnie al lui Dumnezeu şi a acoperit pământul. Cu această lumină, puterea eternă şi natura divină a lui Dumnezeu a fost impregnată în toate lucrurile şi totul s-a supus legilor naturii (Romani 1:20). Dumnezeu a despărţit lumina de întuneric şi a numit lumina „zi", iar întunericul „noapte." Dumnezeu a decretat ziua şi noaptea şi curgerea timpului chiar înainte să fi creat soarele şi luna.

A doua zi, Dumnezeu a făcut întinderea şi ea a separat apele care acopereau pământul în ape care sunt dedesubtul întinderii şi ape care sunt deasupra întinderii. Dumnezeu a numit această întindere cer; aceasta este bolta cerească care se vede cu ochiul liber. Astfel a fost creat mediul care poate întreţine viaţa. Aerul a fost făcut pentru ca tot ce are viaţă să poată respira; pentru fenomenele meteorologice a creat norii şi cerul albastru.

Apele de sub întindere sunt apele care rămân la suprafaţa pământului. Sunt sursa apelor care formează oceanele, mările, lacurile şi râurile (Geneza 1:9-10).

Apele de deasupra întinderii au fost rezervate pentru Eden, în al doilea Cer. A treia zi, Dumnezeu a făcut ca apele aflate dedesubtul întinderii să se restrângă pentru a separa marea de uscat. A creat de asemenea iarba şi vegetaţia.

În a patra zi, Dumnezeu a creat soarele, luna şi stelele ca să stăpânească ziua şi noaptea. În a cincea zi, a creat peştii şi păsările, iar în final, în a şasea zi, Dumnezeu a creat toate animalele şi omul.

Spaţiul spiritual invizibil

Grădina Edenului se găseşte în lumea spirituală a celui de-al doilea Cer, dar este diferită de lumea spirituală din al treilea Cer. Nu este un spaţiu exclusiv spiritual din moment ce poate coexista cu dimensiunea fizică. Este ca un stadiu intermediar între trup şi duh. După ce Dumnezeu a creat omul ca duh viu, a pus Grădina spre est, în Eden, şi l-a aşezat pe om în Grădină (Geneza 2:8).

Aici „est" nu se referă la estul fizic. Are un înţeles special care înseamnă o „zonă înconjurată de lumini." Până în ziua de azi, mulţi teologi cred că Grădina Edenului este undeva lângă râurile Tigru şi Eufrat dar, deşi au făcut multe studii şi cercetări arheologice, nu au reuşit să dea de urma Grădinii. Nu au găsit Grădina în care a trăit odată „duhul viu" Adam, pentru că ea se găseşte în al doilea Cer care ţine de lumea spirituală.

Grădina Edenului este un spaţiu vast care depăşeşte imaginaţia noastră. Copiii pe care i-a avut Adam înainte de a păcătui trăiesc acolo şi dau naştere în continuare altor copii. Grădina Edenului este nelimitată din punct de vedere al spaţiului, astfel că nu devine prea aglomerată chiar şi cu trecerea timpului.

În Geneza 3:24 citim că Dumnezeu a aşezat la estul Grădinii Edenului un heruvim şi o sabie învăpăiată care se roteşte în toate direcţiile.

Aceasta se datorează faptului că partea de est a Grădinii se învecinează cu zona de întuneric. Duhurile rele au vrut mereu să intre în Grădină din mai multe motive. În primul rând voiau să-l ispitească pe Adam şi în al doilea rând voiau să ajungă la rodul pomului vieţii. Doreau să aibă viaţa veşnică prin acest rod şi să se împotrivească lui Dumnezeu pentru totdeauna. Adam avea responsabilitatea de a proteja Grădina Edenului de forţele întunericului. Însă, din moment ce a fost înşelat de Satan şi a mâncat din pomul cunoştinţei binelui şi răului, Adam a fost izgonit pe pământ, iar heruvimul şi sabia învăpăiată au fost aşezate să preia responsabilitatea acestuia.

Putem deduce că zona de lumină unde se află Grădina Edenului şi zona de întuneric unde sunt duhurile rele coexistă în al doilea Cer. Mai mult, în zona de lumină din al doilea Cer, se găseşte un loc în care credincioşii vor participa la Ospăţul Nunţii care durează şapte ani, împreună cu Domnul, după a doua Sa venire. Locul este mult mai frumos decât Grădina Edenului. Toţi cei care au fost mântuiţi de la creaţie încoace vor participa la acest ospăţ, care are loc într-o zonă atât de întinsă încât nu ne putem imagina.

În lumea spirituală mai există al treilea şi al patrulea Cer pe care le voi prezenta în detaliu în al doilea volum al cărţii *Duh,*

Suflet și Trup. Dumnezeu a împărțit spațiul fizic și spațiul spiritual și le a separat în multe alte spații pentru noi, oamenii. Acest lucru a fost făcut în scopul cultivării umane, pentru a câștiga copii adevărați. Dar, care sunt părțile din care se compune ființa umană?

3. Omul are duh, suflet şi trup

Istoria omenirii consemnată în Biblie începe cu izgonirea lui Adam pe pământ din cauza păcatului. Această istorie nu include perioada în care Adam a locuit în Grădina Edenului.

1) Adam, un duh viu

Nu vom putea înțelege lucrurile esenţiale privitoare la omenire dacă nu înțelegem cum a fost creat primul om, Adam. Dumnezeu l-a creat pe Adam ca duh viu în vederea cultivării umane. În Geneza 2:7 citim despre crearea lui Adam: „*Domnul Dumnezeu a făcut pe om din ţărâna pământului, i-a suflat în nări suflare de viaţă, şi omul s-a făcut astfel un suflet viu.*"

Materialul pe care Dumnezeu l-a folosit pentru a-l crea pe Adam a fost ţărâna pământului pentru că oamenii vor trece prin cultivarea umană pe acest pământ (Geneza 3:23).

Alt motiv pentru folosirea ţărânii este că aceasta se schimbă în funcţie de elementele care îi sunt adăugate.

Dumnezeu nu a făcut doar partea exterioară a omului din ţărână, ci şi organele interne, venele, sistemul osos şi cel nervos. Un olar bun poate face un vas de porţelan de excepţie din argilă fină. Cu cât mai frumos a fost omul pe care Dumnezeu l-a făcut după chipul şi asemănarea Sa!

Adam a fost creat cu un ten alb ca laptele. Avea o constituţie mai solidă, iar trupul lui era perfect din cap până-n picioare, la fel şi toate organele şi celulele din corp. Era frumos. Când Dumnezeu i-a suflat viaţă în nări, Adam a devenit o fiinţă vie, adică un duh viu. Procesul e similar cu cel al unui bec care nu poate lumina de unul singur. Poate lumina doar dacă primeşte electricitate. Inima lui Adam a început să bată, sângele să circule şi toate organele şi celulele să funcţioneze doar după ce a primit suflare de viaţă de la Dumnezeu. Creierul a început să-i funcţioneze, ochii să vadă, urechile să audă şi trupul să se mişte după cum dorea, numai după ce a primit suflarea de viaţă.

Suflarea de viaţă este esenţa puterii lui Dumnezeu. Se mai poate numi energia lui Dumnezeu. Este de fapt sursa puterii care întreţine viaţa. După ce Dumnezeu a suflat viaţă în nările lui, Adam a primit un duh care arăta exact la fel ca trupul lui. Voi descrie mai multe despre forma duhului lui în al doilea volum al acestei cărţi.

Trupul lui Adam, care acum era un duh viu, avea carne şi oase nepieritoare. Trupul lui este recipientul duhului său care comunica cu Dumnezeu şi al sufletului care ajută duhul. Sufletul şi trupul lui s-au supus duhului şi astfel Adam a împlinit Cuvântul lui Dumnezeu şi a comunicat cu Dumnezeu care este duh.

Când Adam a fost creat, a avut un trup de adult, dar nu a avut niciun fel de cunoştinţe. După cum un bebeluş îşi poate dezvolta caracterul şi poate juca un rol în societate doar prin educaţie, şi Adam a avut nevoie de cunoştinţe. Prin urmare, după ce l-a dus în Grădina Edenului, Dumnezeu i-a dat lui Adam cunoştinţa adevărului şi cunoştinţa duhului. Dumnezeu l-a învăţat despre armonia tuturor lucrurilor în univers, despre legile lumii spirituale, despre Cuvântul Adevărului şi despre cunoştinţele infinite ale lui Dumnezeu. De aceea Adam putea să supună şi să stăpânească peste toate.

Au trăit acolo o perioadă nedeterminată de timp

Adam, duhul viu, a guvernat Grădina Edenului şi pământul ca stăpân al tuturor fiinţelor, având cunoştinţă şi înţelepciune duhovnicească. Dumnezeu s-a gândit că nu e bine să fie singur şi a creat o femeie, Eva, dintr-una din coastele lui Adam. Astfel, Dumnezeu i-a făcut un ajutor potrivit şi le-a spus să devină un singur trup. Întrebarea care se ridică este următoarea: cât timp au trăit în Grădina Edenului?

Biblia nu ne spune cât timp anume, dar au trăit în Grădină o perioadă nedeterminată de timp. În Genesa 3:16 găsim scris astfel: „*Femeii i-a zis: «Voi mări foarte mult suferinţa şi însărcinarea ta; cu durere vei naşte copii, şi dorinţele tale se vor ţine după bărbatul tău, iar el va stăpâni peste tine.»*"

Ca rezultat al păcatului ei, Eva a primit un blestem şi i s-au mărit mult durerile naşterii. Cu alte cuvinte, înainte să fi fost blestemată, ea a născut copii în Grădina Edenului dar, practic, nu a avut dureri la naşteri. Adam şi Eva au fost duhuri vii care nu îmbătrâneau. Prin urmare, au trăit foarte mulţi ani şi s-au înmulţit.

Mulţi oameni cred că Adam a mâncat din pomul cunoştinţei binelui şi răului imediat ce a fost creat. Unii chiar pun întrebări de genul: „Din moment ce istoria omenirii consemnată în Biblie este de doar 6000 de ani, de ce există fosile vechi de sute de mii ani?" Istoria omenirii, după cum este consemnată în Biblie, a început din momentul în care Adam a fost izgonit pe pământ, după ce a păcătuit. Nu include perioada în care el a locuit în Grădina Edenului. În timp ce Adam trăia în Grădina Edenului, pe pământ aveau loc mişcări tectonice şi schimbări geografice asociate cu acestea, precum şi apariţia şi extincţia multor specii. Unele dintre ele s-au fosilizat. Din acest motiv, putem găsi fosile care sunt considerate a fi vechi de milioane de ani.

2) Adam a păcătuit

Când Dumnezeu l-a aşezat pe Adam în Grădina Edenului, a interzis un singur lucru. I-a spus să nu mănânce din pomul cunoştinţei binelui şi răului. Însă, după o lungă perioadă de timp, Adam şi Eva au ajuns să mănânce din pom. Au fost alungaţi din Grădina Edenului pe pământ şi, din acest moment, a început cultivarea umană.

Cum a ajuns Adam să păcătuiască? Exista o fiinţă care căuta să aibă autoritatea pe care Adam o primise de la Dumnezeu.

Această fiinţă este Lucifer, căpetenia tuturor duhurilor rele. Ea a crezut că trebuie să ia autoritatea de la Adam pentru a se putea ridica împotriva lui Dumnezeu şi a câştiga. Astfel, a făcut un plan elaborat şi s-a folosit de şarpe, care era şiret.

După cum spune în Geneza 3:1 „*Şarpele era mai şiret decât toate fiarele câmpului pe care le făcuse Domnul Dumnezeu,*" şarpele a fost făcut dintr-o ţărână cu o natură mai şireată.

Din această cauză, posibilitatea ca el să accepte diabolicul şireteniei a fost mai mare decât în cazul altor animale. Tendinţele acestuia au fost provocate de duhurile rele şi astfel şarpele a devenit instrumentul pentru ispitirea omului.

Duhurile rele ispitesc întotdeauna omul

În acea perioadă, Adam avea o autoritate atât de mare încât stăpânea peste Grădina Edenului şi peste pământ, prin urmare nu-i era uşor şarpelui să-l ispitească direct. De aceea, a ales să o ispitească pe Eva prima dată. Astfel, şarpele a întrebat-o cu viclenie: „*Oare a zis Dumnezeu cu adevărat: «Să nu mâncaţi din toţi pomii din grădină?»*" (v. 1) Dumnezeu nu i-a dat nicio poruncă Evei. Porunca i-a fost dată lui Adam, însă şarpele a întrebat-o ca şi cum Dumnezeu i-ar fi dat porunca direct ei. Răspunsul Evei îl găsim scris în acest pasaj: „*Femeia a răspuns şarpelui: «Putem să mâncăm din rodul tuturor pomilor din grădină.» Dar despre rodul pomului din mijlocul grădinii, Dumnezeu a zis: «Să nu mâncaţi din el, şi nici să nu vă atingeţi de el, ca să nu muriţi»*" (Geneza 3:2-3).

Dumnezeu a spus: „*...în ziua în care vei mânca din el, vei muri negreşit*" (Geneza 2:17). Însă, Eva a spus: „să nu vă atingeţi de el ca să nu muriţi." Poate credeţi că e o diferenţă nesemnificativă, dar ea arată că, în mintea ei, Eva nu a ştiut corect Cuvântul lui Dumnezeu. Este, de asemenea, un indiciu că nu a crezut Cuvântul lui Dumnezeu pe deplin. Când şarpele a văzut că Eva a schimbat Cuvântul lui Dumnezeu, a început să o ispitească şi mai tare.

În Geneza 3:4-5 citim: „*Atunci şarpele a zis femeii: «Hotărât, că nu veţi muri: dar Dumnezeu ştie că, în ziua când veţi mânca din el, vi se vor deschide ochii, şi veţi fi ca Dumnezeu, cunoscând binele şi răul.»*"

După cum Satana l-a îndemnat pe şarpe să pună dorinţa în mintea Evei, ea a văzut diferit pomul cunoştinţei binelui şi răului pentru că citim următoarele: „*...pomul era bun de mâncat şi plăcut de privit, şi că pomul era de dorit ca să deschidă cuiva mintea*" (v. 6).

Eva nu a avut niciodată intenţia să se împotrivească Cuvântului lui Dumnezeu dar, odată ce s-a înfiripat dorinţa, a ajuns ca în final să mănânce din pom. Pe lângă aceasta, i-a dat şi soţului ei Adam să mănânce din el.

Scuzele oferite de Adam şi Eva

În Geneza 3:11 Dumnezeu l-a întrebat pe Adam: „*Nu cumva ai mâncat din pomul din care îţi poruncisem să nu mănânci?*"

Dumnezeu a ştiut tot ce se întâmplase, dar a vrut ca Adam

să-şi recunoască vina şi să se pocăiască. Însă, Adam a răspuns: *„Femeia pe care mi-ai dat-o ca să fie lângă mine, ea mi-a dat din pom şi am mâncat"* (v. 12). Adam sugerează că, dacă Dumnezeu nu i-ar fi dat femeia, el nu ar fi făcut aşa ceva. În loc să-şi recunoască vina, el a vrut doar să scape de consecinţe. Bineînţeles că Eva a fost cea care i-a dat să mănânce din rodul pomului, dar Adam era capul femeii şi ar fi trebuit să-şi asume responsabilitatea pentru ceea ce s-a întâmplat.

Apoi, după cum vedem în Geneza 3:13, Dumnezeu a întrebat-o pe femeie: *„Ce ai făcut?"* Chiar dacă Adam şi-ar fi asumat responsabilitatea, Eva nu putea evita consecinteţele păcatului ei. Însă şi ea a dat vina pe şarpe când a spus: *„Şarpele m-a amăgit, şi am mâncat din pom."* Ce s-a întâmplat cu Adam şi Eva care au păcătuit în acest fel?

Duhul lui Adam a murit

Geneza 2:17 spune *„...dar din pomul cunoştinţei binelui şi răului să nu mănânci, căci în ziua în care vei mânca din el, vei muri negreşit."*

Aici, „moartea" la care se referă Dumnezeu nu este una fizică, ci spirituală. Faptul că duhul cuiva moare nu înseamnă că dispare complet, ci doar că comunicarea cu Dumnezeu este întreruptă şi nu mai poate fi stabilită. Duhul continuă să existe dar nu mai poate primi lucruri spirituale de la Dumnezeu. Situaţia este similară cu moartea.

Din moment ce duhurile lui Adam şi al Evei au murit, Dumnezeu nu le mai putea permite să rămână în Grădina Edenului care se afla în lumea spirituală. Geneza 3:22-23 ne spune: „*Domnul Dumnezeu a zis: «Iată că omul a ajuns ca unul din Noi, cunoscând binele şi răul. Să-l împiedicăm dar acum ca nu cumva să-şi întindă mâna, să ia şi din pomul vieţii, să mănânce din el, şi să trăiască în veci.» De aceea Domnul Dumnezeu l-a izgonit din grădina Edenului, ca să lucreze pământul, din care fusese luat.*"

Dumnezeu a spus – „omul a ajuns ca unul din noi" – dar aceasta nu înseamnă că Adam a devenit ca Dumnezeu. Înseamnă că înainte Adam cunoştea doar adevărul dar, după cum Dumnezeu cunoaşte adevărul şi neadevărul, şi Adam a ajuns să cunoască neadevărul. În consecinţă, Adam, care odată fusese un duh viu, a ajuns să fie doar pământesc. A trebuit să se confrunte cu moartea. A trebuit să revină pe pământul pe care a fost creat de Dumnezeu. Un om pământesc nu poate trăi într un spaţiu spiritual. Mai mult, dacă Adam ar fi mâncat din pomul vieţii ar fi trăit pentru totdeauna. Prin urmare, Dumnezeu nu-l mai putea lăsa să stea în Grădina Edenului.

3) Revenirea la spaţiul fizic

După ce Adam L-a neascultat pe Dumnezeu şi a mâncat din pomul cunoştinţei binelui şi răului, totul s-a schimbat. A fost alungat pe pământ – un spaţiu fizic, unde putea să strângă recolta doar cu trudă şi prin sudoarea frunţii lui. Totul era sub blestem şi mediul prielnic de la momentul creaţiei nu mai exista.

În Geneza 3:17 citim: *„Omului i-a zis: «Fiindcă ai ascultat de glasul nevestei tale, şi ai mâncat din pomul despre care îţi poruncisem: «Să nu mănânci deloc din el», blestemat este acum pământul din pricina ta. Cu multă trudă să-ţi scoţi hrana din el în toate zilele vieţii tale.»"*

Din acest verset putem vedea că, datorită păcatului lui Adam, nu doar el ci totul de pe pământ, adică primul Cer, a intrat sub blestem. Toate lucrurile de pe pământ erau într-o armonie perfectă dar s-a instaurat o altă ordine a legii fizice. Datorită blestemului, au ajuns să existe microbi şi viruşi, iar animalele şi plantele au început şi ele să se schimbe.

În Geneza 3:18 vedem că Dumnezeu îi spune în continuare lui Adam: *„spini şi pălămidă să-ţi dea, şi să mănânci iarba de pe câmp."* Recolta nu poate fi bogată din cauza spinilor şi a pălămidei, aşa că Adam nu va putea mânca roadele decât după multă trudă. Din moment ce pământul a fost blestemat, au apărut copaci şi plante nefolositoare precum şi insecte dăunătoare. Adam trebuia să îndepărteze aceste lucruri dăunătoare pentru a cultiva pământul şi a-l face roditor.

Nevoia de a cultiva inima

După cum Adam trebuia să cultive pământul, omul avea să treacă în mod similar prin cultivarea umană pe pământ. Înainte să fi păcătuit, omul avea o inimă curată şi nevinovată şi cunoştea doar lucrurile duhului. Geneza 3:23 spune: *"De aceea Domnul Dumnezeu l-a izgonit din grădina Edenului, ca să lucreze pământul, din care fusese luat."* Acest verset îl aseamănă pe Adam, care a fost făcut din ţărână, cu ţărâna din care a fost luat. Acest lucru sugerează faptul că acum trebuie să îşi cultive inima.

Înainte să fi păcătuit, Adam nu a trebuit să-şi cultive inima pentru că nu era niciun rău în ea.

Însă, după neascultarea lui Adam, duşmanul diavolul şi Satan au început să-l controleze pe om. Au început să sădească din ce în ce mai multe lucruri fireşti în inima omului. Au sădit ură, mânie, aroganţă, preacurvie, etc. Toate aceste lucruri au început să se dezvolte în inimă ca spinii şi pălămida. Omenirea a devenit din ce în ce mai întinată cu carnalitate.

Pentru a putea "cultiva ţărâna din care am fost luaţi" trebuie să-L acceptăm pe Isus Cristos; trebuie să folosim Cuvântul lui Dumnezeu pentru a ne lepăda de lucrurile pământeşti care au fost sădite în inima noastră şi trebuie să ne recâştigăm starea spirituală. Altfel, vom continua să avem un "duh mort" şi nu ne vom putea bucura de viaţa veşnică. Omul este cultivat pe acest pământ cu scopul de a redobândi inima pură, spirituală. Aşa era inima lui Adam înainte de cădere.

Faptul că Adam a fost alungat din Grădina Edenului şi a ajuns să trăiască pe pământ a constituit o schimbare foarte drastică pentru el. Durerea şi confuzia au fost mai mari decât ale unui prinţ al unei naţiuni mari care ar fi ajuns dintr-odată fermier. De asemenea, Eva a trebuit să sufere dureri la naşterea copiilor.

Pe când trăiau în Grădina Edenului, nu aveau parte de moarte. Acum însă trebuiau să facă faţă morţii pentru că trăiau în această lume fizică care se descompune şi care va pieri. Geneza 3:19 spune: *„În sudoarea feţei tale să-ţi mănânci pâinea, până te vei întoarce în pământ, căci din el ai fost luat; căci ţărână eşti, şi în ţărână te vei întoarce."* După cum este scris aici, de acum încolo, trebuiau să moară.

Desigur, duhul lui Adam a venit de la Dumnezeu şi nu poate dispărea complet niciodată. Geneza 2:7 spune *„Domnul Dumnezeu a făcut pe om din ţărâna pământului, i-a suflat în nări suflare de viaţă, şi omul s-a făcut astfel un suflet viu."* Suflarea de viaţă are caracterul veşnic al lui Dumnezeu.

Însă, duhul lui Adam nu mai era activ; prin urmare, sufletul şi-a asumat rolul de stăpân al omului şi astfel a obţinut control asupra trupului. De atunci încolo, Adam a trebuit să îmbătrânească şi, în cele din urmă, să moară conform legilor lumii fizice. A trebuit să se întoarcă în ţărână.

La acea vreme, deşi pământul fusese blestemat, răul şi păcatele nu erau atât de răspândite ca şi azi. Astfel Adam a trăit până la vârsta de 930 de ani (Geneza 5:5).

Dar, pe măsură ce a trecut timpul, oamenii au devenit tot mai răi. Prin urmare, durata lor de viaţă s-a micşorat. După ce au venit pe pământ, Adam şi Eva au trebuit să se adapteze noului mediu. Mai mult, acum trebuiau să trăiască ca oameni pământeşti, nu ca duhuri vii. Oboseau după muncă și trebuiau să se odihnească. Au ajuns să se îmbolnăvească. Sistemul lor digestiv s-a modificat pe măsură ce dieta lor s-a schimbat. Acum trebuiau să meargă la toaletă după ce mâncau. Totul s-a schimbat. Neascultarea lui Adam nu a fost nicidecum un lucru neînsemnat. A fost modalitatea prin care păcatul a intrat în lume. Adam și Eva și toți urmașii lor de pe pământ și-au început viața fizică având duhurile moarte.

Capitolul 3

Oamenii în spațiul fizic

Firea pământească este natura care se combină cu păcatul
și astfel oamenii pot să păcătuiască în spațiul fizic.
Cu toate acestea, oamenii poartă în adâncul ființei lor
sămânța vieții dată de Dumnezeu
și cu această sămânță a vieții se va duce la îndeplinire cultivarea umană.

1. Sămânța vieții

2. Cum vine omul pe lume

3. Conștiința

4. Faptele firii pământești

5. Cultivarea

Adam şi Eva au avut mulţi copii pe acest pământ. Cu toate că duhurile lor erau moarte, Dumnezeu nu i-a părăsit ci i-a învăţat lucrurile necesare pentru vieţile lor de pe pământ. Adam şi-a învăţat copiii acest adevăr, astfel că Abel şi Cain ştiau foarte bine cum trebuiau să aducă jertfe lui Dumnezeu.

După o vreme, Cain i-a adus lui Dumnezeu o jertfă din roadele pământului, dar Abel i-a adus lui Dumnezeu o jertfă de sânge care era pe placul lui Dumnezeu. Când Dumnezeu a primit doar jertfa lui Abel, în loc să-şi vadă vina şi să se pocăiască, Cain a devenit atât de invidios pe Abel încât l-a omorât.

Pe măsură ce a trecut timpul, păcatul s-a înmulţit din ce în ce mai mult până când, pe vremea lui Noe, pământul a ajuns atât de plin de violenţa oamenilor încât Dumnezeu a pedepsit întreaga lume prin potop. Însă, Dumnezeu l-a păstrat pe Noe şi pe cei trei fii ai lui pentru a începe o nouă rasă. Ce s-a întâmplat cu rasa de oameni care a venit să trăiască pe pământ?

1. Sămânţa vieţii

După ce Adam a păcătuit, comunicarea lui cu Dumnezeu a fost întreruptă. Energia lui spirituală l-a părăsit şi a venit peste el o energie pământească care a acoperit sămânţa vieţii din el.

Dumnezeu l-a creat pe Adam din ţărână. În ebraică „Adamah" înseamnă pământ sau ţărână. Dumnezeu a făcut trupul omului din ţărână şi i-a suflat în nări suflare de viaţă. În cartea Isaia ni se spune că omul a fost făcut din lut.

În Isaia 64:8 citim următoarea afirmaţie: *„Dar, Doamne, Tu eşti Tatăl nostru; noi suntem lutul, şi Tu olarul, care ne-ai întocmit: suntem cu toţii lucrarea mâinilor Tale."*

Nu la mult timp după ce am deschis această biserică, Dumnezeu mi-a arătat într-o vedenie cum l a modelat pe Adam din lut. Materialul folosit de Dumnezeu era pământ amestecat cu apă. Aici, apa se referă la Cuvântul lui Dumnezeu (Ioan 4:14). După ce ţărâna s-a amestecat cu apa şi suflarea de viaţă a intrat în lut, sângele, care este viaţă, a început să circule în trup şi astfel Adam a devenit o fiinţă vie (Leviticul 17:14).

Suflarea de viaţă are puterea lui Dumnezeu în ea. Fiindcă vine de la Dumnezeu, nu dispare niciodată. Biblia nu spune că Adam a devenit un om, ci o fiinţă vie, ceea ce înseamnă că a devenit un duh viu. Ar fi putut trăi pentru totdeauna prin acestă suflare de viaţă, chiar dacă a fost făcut din ţărână. Astfel, putem înţelege versetele din Ioan 10:34-35 care spun: *„Isus le-a răspuns: «Nu este scris în Legea voastră: ,EU AM ZIS: SUNTEŢI DUMNEZEI?' Dacă Legea a numit ,dumnezei', pe aceia, cărora le-a vorbit Cuvântul lui Dumnezeu, – şi Scriptura nu poate fi desfiinţată...»"*

La început, când a fost creat, omul putea trăi veşnic fără să experimenteze moartea fizică. Deşi duhul lui Adam a murit datorită neascultării, în adâncul fiinţei lui avea sămânţa vieţii dată de Dumnezeu. Această sămânţă este eternă şi prin ea oricine poate fi născut din nou ca şi copil al lui Dumnezeu.

Toţi au primit sămânţa vieţii

Când Dumnezeu l-a creat pe Adam, a pus în el sămânţa vieţii care nu poate fi distrusă. Ea este sămânţa originară pe care a pus-o Dumnezeu în duhul lui Adam şi care este partea esenţială a duhului lui. Este originea duhului, sursa puterii de a-L venera pe Dumnezeu şi de a îndeplini rolul dat oamenilor.

În luna a şasea de sarcină, Dumnezeu dă embrionului sămânţa vieţii în care se află duhul acelei persoane. În această sămânţă a vieţii se află inima şi puterea lui Dumnezeu şi datorită ei omenii pot comunica cu Dumnezeu. Mulţi oameni care, deşi nu recunosc existenţa lui Dumnezeu, totuşi, sunt neliniştiţi, sau se tem de viaţa după moarte sau nu pot să-L tăgăduiască pe Dumnezeu în adâncul fiinţei lor pentru că au sămânţa vieţii în profunzimea inimii lor.

Piramidele şi alte vestigii deţin indicii despre conceptele oamenilor cu privire la viaţa veşnică şi despre speranţele lor de a avea un loc veşnic de odihnă. Chiar cei mai bravi oameni se tem de moarte pentru că sămânţa vieţii din ei recunoaşte viaţa care are să vină.

Toţi au sămânţa vieţii dată de Dumnezeu şi Îl caută pe El în mod natural (Eclesiastul 3:11). Sămânţa vieţii acţionează ca inima omului şi astfel afectează direct viaţa spirituală. Datorită activităţii inimii, sângele circulă în trup tranportând oxigen şi hrană. Tot astfel, dacă sămânţa vieţii este activată la un om, duhul lui va fi înviorat şi va putea comunica cu Dumnezeu. Dimpotrivă, dacă duhul lui este mort, sămânţa vieţii nu este activă şi omul respectiv nu poate comunica direct cu Dumnezeu.

Sămânţa vieţii este partea esenţială a duhului

Adam era plin de cunoştinţa adevărului primită de la Dumnezeu. Sămânţa vieţii din el era activă la maximum. Adam era plin de energie spirituală. Devenise atât de înţelept încât a putut da un nume fiecărei vieţuitoare şi a putut stăpâni peste toate. Însă, după ce a păcătuit, comunicarea lui cu Dumnezeu a fost întreruptă. Energia lui spirituală a început să-l părăsească şi a fost înlocuită cu energie firească care i-a umplut inima şi a înăbuşit sămânţa vieţii. De atunci încolo, sămânţa vieţii şi-a pierdut treptat lumina şi în cele din urmă a devenit complet inactivă.

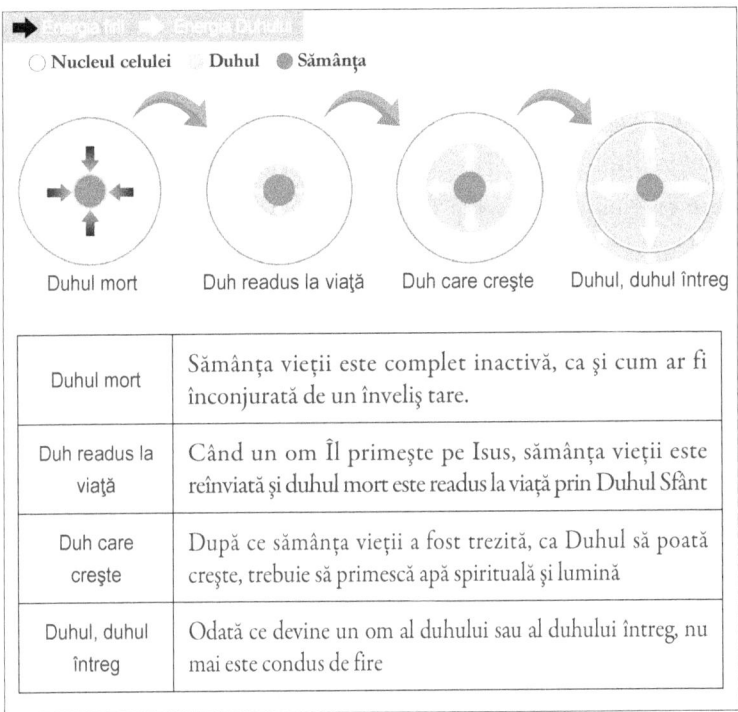

Duhul mort	Sămânţa vieţii este complet inactivă, ca şi cum ar fi înconjurată de un înveliş tare.
Duh readus la viaţă	Când un om Îl primeşte pe Isus, sămânţa vieţii este reînviată şi duhul mort este readus la viaţă prin Duhul Sfânt
Duh care creşte	După ce sămânţa vieţii a fost trezită, ca Duhul să poată creşte, trebuie să primească apă spirituală şi lumină
Duhul, duhul întreg	Odată ce devine un om al duhului sau al duhului întreg, nu mai este condus de fire

După cum viaţa cuiva se termină când inima încetează să mai bată, tot astfel şi duhul lui Adam a murit când sămânţa vieţii a încetat să mai fie activă. Duhul lui a murit, adică sămânţa vieţii a încetat să mai funcţioneze; cu alte cuvinte era ca moartă. Prin urmare, toţi care se nasc în acest spaţiu fizic au o sămânţă a vieţii care este complet inactivă.

După căderea lui Adam în păcat, oamenii nu au putut evita moartea. Ca să poată avea din nou viaţă veşnică, omenii trebuiau să rezolve problema păcatului cu ajutorul lui Dumnezeu, care este Lumină. Aceasta înseamnă că ei trebuie să-L accepte pe Isus Cristos în viața lor și să primească iertarea păcatelor. Isus Cristos a murit pe cruce și a luat păcatele omenirii asupra Lui pentru a reînvia duhul oamenilor. A devenit calea, adevărul și viața prin care toți oamenii pot primi viața veșnică. Când Îl acceptăm pe Isus ca mântuitor personal, putem avea iertarea păcatelor și putem deveni copii ai lui Dumnezeu primindu-L pe Duhul Sfânt.

Duhul Sfânt activează sămânța vieții din noi, adică readuce la viață duhul mort din noi. Din acel moment, sămânța vieții, care-și încetase strălucirea, începe să lumineze din nou. Desigur, nu mai poate lumina la fel de puternic ca și în cazul lui Adam, dar intensitatea luminii crește pe măsură ce credința omului se mărește și duhul se maturizează.

Cu cât se umple mai mult sămânța vieții cu Duhul Sfânt, cu atât ea, cât și trupul spiritual, emană o lumină mai puternică. Cu cât un om se umple mai mult de cunoștința adevărului, cu atât recapătă mai mult chipul lui Dumnezeu pe care l-a pierdut, și devine un adevărat copil al lui Dumnezeu.

Sămânța fizică a vieții

Pe lângă sămânța spirituală a vieții, care este partea esențială a duhului, omul mai are și sămânța fizică a vieții, adică sperma și ovulul. Dumnezeu a făcut un plan pentru cultivarea umană prin care urma să câștige copii adevărați cu care să-Și împărtășească dragostea adevărată. Pentru a duce la îndeplinire planul, El a dat oamenilor sămânţa vieţii ca ei să se înmulţească şi să umple pământul. Spaţiul spiritual în care locuieşte Dumnezeu este nelimitat şi S-ar simţi singur şi nemângâiat dacă nu ar avea pe cineva în jur. De aceea, Dumnezeu l-a creat pe Adam ca duh viu şi l-a lăsat să se înmulţească generaţie după generaţie ca El să poată avea mulţi copii.

Copiii pe care îi doreşte Dumnezeu sunt cei al căror duh mort este reînviat, care pot comunica cu El şi care se pot bucura de dragostea Lui pentru totdeauna în Împărăţia Lui Cerească. Pentru a putea avea astfel de copii adevăraţi, Dumnezeu dă tuturor sămânţa vieţii astfel că această cultivare omenească a început de pe vremea lui Adam. David a înţeles dragostea şi planul lui Dumnezeu şi a spus: „*Te laud că sînt o făptură aşa de minunată. Minunate sînt lucrările Tale, şi ce bine vede sufletul meu lucrul acesta!*" (Psalmul 139 :14)

2. Cum vine omul pe lume

O fiinţă umană nu poate fi clonată dintr-o altă fiinţă umană.
Chiar dacă s-ar reuşi să se reproducă înfăţişarea exterioară a
omului, clonul nu va fi totuşi o fiinţă umană pentru că nu va avea
duh. Clonul nu s-ar deosebi cu nimic de un animal.

Când sperma bărbatului se uneşte cu ovulul femeii o nouă
viaţă este concepută. Pentru a se dezvolta, fetusul rămâne
în pântece nouă luni. Putem vedea puterea misterioasă a lui
Dumnezeu când ne uităm la procesul de dezvoltare a fetusului,
de la concepţie până la naştere.

În prima lună se dezvoltă sistemul nervos. Au loc nişte
procese de bază astfel încât se formează sângele, oasele, muşchii,
venele şi organele interne. În a doua lună, inima începe să bată
şi fătul începe să se asemene unui om. În acest stadiu, se pot
recunoaşte capul şi membrele. În a treia lună se conturează faţa.
Fătul îşi poate mişca capul, trupul şi membrele şi tot acum încep
să i se dezvolte organele sexuale.

Începând cu luna a patra, placenta este finalizată şi astfel
cantitatea de hrană se măreşte iar fătul creşte în lungime şi
greutate. Toate organele care susţin trupul şi viaţa funcţionează
normal. Din luna a cincea, se dezvoltă muşchii şi auzul astfel
încât fătul poate auzi sunete. În luna a şasea se dezvoltă sistemul
digestiv şi astfel fătul creşte mult mai rapid. În a şaptea lună părul

de pe cap începe să crească şi dezvoltarea plămânilor face ca fătul să poată începe să respire.

Auzul şi organele sexuale sunt finalizate în a opta lună. Fătul poate chiar reacţiona la sunete externe. În luna a noua, părul se îndeasă, puful de pe corp dispare şi membrele se îngroaşă. După aproximativ nouă luni, se naşte un bebeluş de circa 50 cm în lungime şi 3,2 kg în greutate.

Viaţa fetusului aparţine lui Dumnezeu

Cu descoperirile ştiinţifice din ziua de azi oamenii sunt deosebit de interesaţi în clonarea vietăţilor. Însă, după cum am menţionat anterior, indiferent de cât de avansată ajunge ştiinţa, oamenii nu pot fi clonaţi. Chiar dacă la exterior arată ca o fiinţă umană, clonii nu au duh, iar fără duh nu se deosebesc de un animal.

Spre deosebire de animale, în procesul de creştere al omului există un moment în care omul primeşte duhul. În luna a şasea de sarcină, fătul are deja diferite organe, o faţă şi membre. Devine un vas care poate conţine duhul. În acest moment, Dumnezeu îi dă sămânţa vieţii împreună cu duhul. Biblia consemnează o întâmplare din care putem deduce acest lucru. Este cazul răspunsului unui făt de şase luni aflat în pântecele mamei sale.

Luca 1:41-44 spune: *„Cum a auzit Elisabeta urarea Mariei, i-a săltat pruncul în pântece, şi Elisabeta s a umplut de Duhul Sfânt. Ea a strigat cu glas tare: «Binecuvântată eşti tu între* *femei, și binecuvântat este rodul pântecelui tău. Cum mi-a fost dat mie să vină la mine maica Domnului meu? Fiindcă iată, cum mi-a ajuns la urechi glasul urării tale, mi-a săltat pruncul în pântece de bucurie.»"*

Acest lucru s-a întâmplat chiar după ce Isus a fost conceput în pântecele fecioarei Maria și ea s-a dus să-i facă o vizită Elisabetei care îl zămislise pe Ioan Botezătorul cu șase luni în urmă. Ioan Botezătorul a sălat de bucurie în pântecele mamei lui la venirea fecioarei Maria. El L-a recunoscut pe Isus în pântecele Mariei și a fost umplut cu Duhul Sfânt. Un făt nu este doar o viață, ci este o ființă spirituală care poate fi umplută cu Duhul Sfânt începând de la șase luni de sarcină. O ființă omenească este o viață care aparține lui Dumnezeu din momentul concepției. Doar Dumnezeu are suveranitate asupra vieții. Prin urmare, nu trebuie să avortăm un bebeluș după bunul plac, chiar dacă fătul nu are încă duh.

Perioada de nouă luni în care fătul se dezvoltă în pântece este foarte importantă. El primește de la mamă tot ce are nevoie ca să crească, deci mama trebuie să aibă o dietă echilibrată. Sentimentele mamei și gândurile ei afectează de asemenea formarea caracterului, personalității și inteligenței fătului. Același lucru este adevărat și despre duh. Bebelușii ale căror mame slujesc în Împărăția lui Dumnezeu și se roagă cu credincioșie se nasc în general cu caractere blânde și cresc sănătoși și înțelepți.

Autoritatea supremă asupra vieții aparține lui Dumnezeu, dar El nu intervine în procesul concepției, al nașterii și al dezvoltării omului. Însuşirile înnăscute sunt determinate de viaţa-energia pe care o au sperma şi ovulul părinţilor. Alte trăsături de caracter sunt dobândite şi se dezvoltă în funcţie de mediu şi de alte influenţe.

Intervenţia specială a lui Dumnezeu

Sunt însă cazuri în care Dumnezeu intervine în concepţia şi naşterea cuiva. În primul rând, sunt cazurile în care părinţii îi sunt plăcuţi lui Dumnezeu pentru că au credinţă şi se roagă cu sinceritate. Ana, o femeie care a trăit în timpul judecătorilor, a trăit cu durere şi agonie pentru că nu putea avea copii, dar a venit înaintea lui Dumnezeu şi s-a rugat cu stăruinţă. A făcut un legământ cu Dumnezeu şi I-a spus că, dacă îi dă un băiat, îl va pune în slujba Domnului.

Dumnezeu i-a ascultat rugăciunea şi a binecuvântat-o astfel că a rămas însărcinată cu un băiat. După cum a promis, imediat ce băiatul Samuel a fost înţărcat, l-a adus la preot ca să slujească lui Dumnezeu. Samuel a comunicat cu Dumnezeu din copilărie şi, mai târziu, a devenit un profet însemnat al lui Israel. Datorită faptului că Ana şi-a păstrat jurământul, Dumnezeu a binecuvântat o cu încă trei fii şi două fiice (1 Samuel 2:21).

În al doilea rând, Dumnezeu intervine în vieţile celor care au fost puşi deoparte de El pentru planul Său. Pentru a înţelege acest lucru, trebuie să înţelegem mai întâi diferenţa dintre „a fi ales" și „a fi pus deoparte." Vorbim de alegerea lui Dumnezeu atunci când El stabilește un cadru și alege pe toți din acel cadru fără a face deosebire. De exemplu, Dumnezeu a stabilit cadrul mântuirii și mântuiește pe toți care vin în acel cadru. Prin urmare, cei care sunt mântuiți când Îl primesc pe Isus Cristos și trăiesc prin Cuvântul lui Dumnezeu sunt „aleși."

Unii oameni înțeleg greșit conceptul alegerii lui Dumnezeu – ca și cum Dumnezeu a decis deja cine va fi mântuit și cine nu va fi mântuit. Ei spun că, odată ce Îl accepți pe Domnul, Dumnezeu va lucra în așa fel încât vei fi mântuit cumva, chiar dacă nu trăiești pe baza Cuvântului lui Dumnezeu. Acest lucru este însă greșit.

Orice om care, prin propria-i voință, vine la credință și intră în cadrul mântuirii primește mântuirea. Adică, toți aceștia sunt „aleși" de Dumnezeu. Însă, cei care nu vin în cadrul mântuirii, sau cei care au intrat odată în cadrul ei, dar s-au îndepărtat pentru că s-au împrietenit cu lumea și au păcătuit în mod voit și conștient, nu pot fi mântuiți decât dacă se întorc de la căile lor rele.

Atunci, ce înseamnă „pus deoparte"? Acest lucru are loc când Dumnezeu, care știe totul și plănuiește totul dinainte de începerea lumii, alege o persoană și controlează cursul vieții acesteia. De exemplu, Avram, Iacov – tatăl evreilor și Moise – conducătorul exodului, au fost puși deoparte de Dumnezeu pentru a îndeplini o chemare specifică, dată de Dumnezeu în conformitate cu planul Său.

Dumnezeu cunoaște totul. În planul Său de cultivare umană, El știe cine se va naște și în ce moment din istorie. Pentru a-Și împlini planurile, El alege anumite persoane și le dă o chemare importantă. Pentru cei care sunt puși astfel deoparte, Dumnezeu intervine în fiecare moment al vieții lor începând de la nașterea lor.

În Romani 1:1 găsim scris: „*Pavel, rob al lui Isus Hristos, chemat să fie apostol, pus deoparte ca să vestească Evanghelia lui Dumnezeu.*" După cum spune textul, apostolul Pavel a fost pus deoparte să vestească Evanghelia ca apostol al neamurilor. Dat fiind faptul că avea o inimă vitează și statornică, a fost pus deoparte și a trecut prin niște suferințe extraordinare. I-a fost dată de asemenea misiunea și responsabilitatea de a scrie majoritatea cărților din Noul Testament. Pentru a duce la îndeplinire o asemenea misiune, Dumnezeu i-a dat posibilitatea să învețe Cuvântul lui Dumnezeu, încă din copilărie, sub tutela lui Gamaliel, cel mai mare învățat al vremii respective.

Ioan Botezătorul a fost, de asemenea, pus deoparte. Dumnezeu a intervenit în concepția lui și Dumnezeu l-a chemat să ducă o viață diferită de a altor oameni încă din copilărie. A trăit singur în deșert, fără a avea contact cu lumea. Era îmbrăcat în haine din păr de cămilă și era încins cu o curea de piele, iar hrana lui consta în lăcuste și miere. În acest fel, Ioan a pregătit calea pentru Isus.

La fel a fost și cazul lui Moise. Dumnezeu a intervenit în viața lui încă de la naștere. După ce a fost aruncat în râu, Moise a fost găsit de prințesă și astfel a devenit un prinț. Cu toate acestea, el a fost crescut de propria lui mamă astfel că a putut să învețe adevărul despre Dumnezeu și despre poporul Lui. Ca prinț egiptean a primit toate cunoștințele lumii de la vremea aceea. După cum am spus mai devreme, când cineva este pus deoparte, Dumnezeu îi controlează viața prin suveranitatea Sa, știind dinainte ce fel de om se va naște și în ce moment din istoria omenirii.

3. Conştiinţa

Ce fel de conştiinţă are un om determină în mare măsură dacă omul respectiv Îl va căuta şi Îl va întâlni pe Dumnezeu Creatorul, va redobândi chipul lui Dumnezeu şi va deveni o fiinţă însemnată.

Sperma şi ovulul părinţilor conţin energia vieţii lor care este moştenită de copiii lor. Acelaşi lucru este adevărat despre conştiinţă. Conştiinţa este un standard prin care cineva decide ce este bine şi ce este rău. Dacă părinţii au trăit o viaţă bună şi au avut o inimă curată, este foarte probabil că vor da naştere unor copii care au o conştiinţă bună. Prin urmare, factorul decisiv cu privire la conştiinţa cuiva este tipul de energie de viaţă pe care copilul o primeşte de la părinţi.

Chiar dacă unii moştenesc o energie de viaţă bună de la părinţii lor, dar cresc într-un mediu nefavorabil în care văd, aud şi acceptă multe lucruri rele, conştiinţa lor va fi pătată de rău. Spre deosebire, cei care cresc într-un mediu favorabil – în care văd şi aud lucruri bune – au şanse mult mai mari să aibă o conştiinţă relativ bună.

Formarea conştiinţei

Conştiinţele se formează diferit în funcţie de părinţii din care se naşte persoana respectivă, de mediul în care creşte, de lucrurile pe care le aude, le vede şi le învaţă, şi de eforturile pe care persoana le depune în a face ceea ce este bine. Prin urmare, cei care se nasc din părinţi buni, cresc într-un mediu favorabil şi au stăpânire de sine, caută ce este bine, urmându-şi conştiinţa. Acestora le este uşor să primească Evanghelia şi să fie transformaţi de adevăr.

În general, oamenii cred că conştiinţa este partea bună a inimii dar, din punctul de vedere al lui Dumnezeu, nu este aşa. Unii oameni au o conştiinţă bună şi, prin urmare, au tendinţa de a căuta binele, în timp ce alţii au o conştiinţă rea şi îşi caută foloasele proprii în loc să umble după adevăr.

Unii au mustrări de conştiinţă dacă se întâmplă să ia şi cel mai mic lucru de la altcineva, în timp ce alţii nu consideră acest lucru furt şi, prin urmare, nu cred că este păcat. Oamenii au diferite standarde prin care judecă binele şi răul în funcţie de mediul în care au crescut şi de lucrurile pe care le-au învăţat.

Oamenii judecă ce e bine şi ce e rău după conştiinţa lor. Însă, conştiinţele diferă de la om la om. Deoarece sunt multe diferenţe în funcţie de cultură şi de zonă geografică, conştiinţele nu pot constitui un standard absolut în judecarea între bine şi rău. Standardul absolut îl găsim doar în Cuvântul lui Dumnezeu, care este adevărul însuşi.

Diferenţa între inimă şi conştiinţă

În Romani 7:21-24, Pavel spune: *„Găsesc dar în mine legea*

aceasta: când vreau să fac binele, răul este lipit de mine.
Fiindcă, după omul dinăuntru îmi place Legea lui Dumnezeu;
dar văd în mădularele mele o altă lege, care se luptă împotriva
legii primite de mintea mea, şi mă ţine rob legii păcatului, care
este în mădularele mele. O, nenorocitul de mine! Cine mă va
izbăvi de acest trup de moarte?..."

Din acest verset putem vedea din ce este alcătuită inima
omului. Aici, „omul dinăuntru" se referă la inima adevărului, care
se poate numi „inima albă" şi care încearcă să urmeze călăuzirea
Duhului Sfânt. În acest om dinăuntru este sămânţa vieţii. De
asemenea, mai există „legea păcatului" sau „inima neagră" în care
locuieşte neadevărul. Pe lângă acestea, mai este şi „legea minţii
mele", care este conştiinţa. Aceasta este standardul de judecare a
valorilor pe care şi-l formează fiecare. Este un amestec de „inimă
albă" şi de „inimă neagră." Pentru a înţelege conştiinţa, prima
dată trebuie să înţelegem inima.

Sunt mai multe definiţii ale cuvântului „inimă" în dicţionare.
Inima se referă la „partea emoţională sau morală, spre deosebire
de natura intelectuală" sau „caracterul, sentimentele ori
înclinaţiile cele mai profunde." Semnificaţia spirituală a inimii
este însă diferită.

Când Dumnezeu l-a creat pe primul om, Adam, i-a dat
sămânţa vieţii împreună cu duhul. Adam era un vas gol dar
Dumnezeu l-a umplut cu cunoştinţa duhului, cum ar fi
dragostea, bunătatea şi adevărul. Dat fiind faptul că Adam a
primit doar adevărul, sămânţa vieţii pe care o primise deţinea, pe

lângă duhul său, şi cunoştinţa duhului. Din moment ce era plin doar de adevăr, Adam nu trebuia să distingă între inimă şi duh. Deoarece nu era neadevăr în el, nu era nevoie de ceva precum conştiinţa.

Însă, după ce Adam a păcătuit, duhul său nu a mai fost la fel cu inima lui. Deoarece comunicarea lui cu Dumnezeu s-a înrăutăţit, adevărul, adică cunoştinţa duhului care îi umpluse inima, a început să-l părăsească şi în locul acestuia s-a cuibărit neadevărul, adică ura, invidia şi aroganţa care au început să înece sămânţa vieţii. Înainte ca neadevărul să intre în Adam, nu a fost nevoie să se folosească cuvântul „inimă" pentru că aceasta era duhul însuşi. Însă, după ce au intrat neadevăruri, datorită păcatului, duhul său a murit şi de atunci am început să folosim cuvântul „inimă."

După căderea lui Adam, inima oamenilor a ajuns într-un stadiu în care neadevărul, în loc de adevăr, a acoperit sămânţa vieţii, ceea ce înseamnă că „sufletul în loc de duhul a acoperit sămânţa vieţii." Mai simplu, inima adevărului este inima albă, iar inima neadevărului este inima neagră. Toţi urmaşii lui Adam, care s-au născut după cădere, au o inimă alcătuită din inima adevărului, inima neadevărului şi conştiinţa pe care şi-au făcut-o amestecând adevărul cu neadevărul.

Firea omului este la baza conştiinţei

Caracterul primordial al inimii omului este considerat a fi „firea" sa, care nu se rezumă doar la ceea ce omul moşteneşte de la

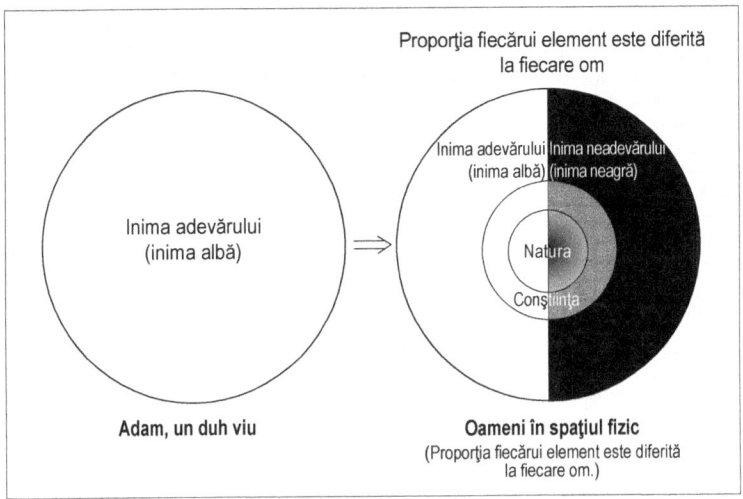

< Compoziţia inimii >

părinţi, ci şi la schimbările produse de lucrurile pe care le acceptă persoana în viaţă. După cum solul îşi schimbă caracteristicile în funcţie de ceea ce i se adaugă, tot astfel firea cuiva se poate schimba în funcţie de lucrurilor pe care le vede, le aude şi le simte.

Prin intermediul energiei dătătoare de viaţă primite de la părinţi, toţi descendenţii lui Adam care s-au născut pe pământ moştenesc o natură care este un amestec de adevăr şi neadevăr. Pe de-o parte, deşi se nasc cu o natură bună, aceasta va deveni rea dacă persoana respectivă acceptă lucruri rele într-un mediu nefavorabil. Pe de altă parte, dacă sunt învăţaţi lucruri bune într-un mediu propice, mult mai puţin rău va fi sădit. Firea fiecăruia se poate schimba prin adăugarea adevărurilor şi neadevărurilor primite.

Deoarece conştiinţa este standardul de judecată care format pe baza firii omeneşti, este uşor să înţelegem conştiinţa dacă înţelegem prima dată firea omului. Acceptaţi adevărul şi neadevărul însuşit de către firea ereditară şi astfel vă formaţi un standard de judecată. Acest standard constituie conştiinţa. Prin urmare, în conştiinţa cuiva se găseşte inima adevărului, răul din firea omului şi neprihănirea de sine.

Cu trecerea timpului, lumea se umple tot mai mult de rele şi păcate, iar conştiinţele oamenilor devin tot mai rele. Moştenesc firi din ce în ce mai păcătoase de la părinţi şi, pe lângă aceasta, acceptă tot mai multe neadevăruri în viaţa lor. Acest proces continuă din generaţie în generaţie. Pe măsură ce conştiinţele lor devin tot mai rele şi mai insensibile, omenilor le este tot mai greu să primească Evanghelia şi tot mai uşor să primească lucrările diavolului şi să păcătuiască.

4. Faptele firii pământeşti

Când un om păcătuieşte, va urma o consecinţă după legea lumii spirituale. Dumnezeu are răbdare cu omul respectiv şi îi dă şanse să se pocăiască şi să se întoarcă de la păcate dar, dacă trece de o limită, vor urma încercări şi necazuri, sau diferite dezastre.

Toţi se nasc cu o fire păcătoasă deoarece firea păcătoasă a primului om, Adam, se transmite copiilor, din generaţii în generaţii, prin energia de viaţă primită de la părinţi. Câteodată putem vedea copilaşi de 2 sau 3 ani cum îşi exprimă mânia şi frustrarea, plângând prea mult. Uneori, dacă nu alăptăm un bebeluş care plânge de foame, acesta va plânge atât de mult încât îi va fi greu să respire. Mai târziu, va refuza chiar să mânânce din cauza mâniei. Chiar şi nou-născuţii se pot purta aşa pentru că moştenesc firea iute, ura şi invidia de la părinţi. Aceasta se datorează faptului că oamenii au firi păcătoase în inima lor şi acesta este păcatul originar.

De asemenea, oamenii păcătuiesc pe parcursul vieţii lor. După cum magneţii atrag metalul, tot astfel, cei care trăiesc în spaţiul fizic vor continua să accepte neadevăruri şi să păcătuiască. Păcatele comise de o persoană se împart în păcate în inimă şi păcate cu fapta. Păcatele au diferite gravităţi. Cele prin fapte vor fi judecate (2 Corinteni 5:10) şi sunt considerate fapte ale firii pământeşti.

Firea pământească şi faptele firii pământeşti

În Geneza 6:3 vedem că „*Domnul a zis: «Duhul Meu nu va rămâne pururea în om, căci şi omul nu este decât carne păcătoasă: totuşi zilele lui vor fi de o sută douăzeci de ani.»*" Aici „carne" nu se referă doar la trupul fizic, ci şi la faptul că omul a devenit o fiinţă pământească, carnală, care este întinată de rău şi de păcate. Un astfel de om firesc nu poate locui cu Dumnezeu pentru totdeauna şi, prin urmare, nu poate fi mântuit. Nu după multe generaţii de la izgonirea lui Adam din Grădina Edenului şi venirea lui pe pământ, urmaşii lui au început să comită fapte ale firii pământeşti.

Dumnezeu i-a spus lui Noe, un om neprihănit din vremea aceea, să construiască o corabie şi să îi avertizeze pe oameni să se întoarcă de la păcatele lor. Dar, în afară de familia lui Noe, nimeni nu a vrut să intre în corabie. Conform legii spirituale care spune că „plata păcatului este moartea" (Romani 6:23), toţi cei din vremea lui Noe au fost distruşi prin potop.

Atunci care să fie semnificaţia spirituală a firii pământeşti? Aceasta se referă la „natura neadevărului din inima cuiva care se manifestă prin anumite fapte." Cu alte cuvinte, mânia, iuţimea, ura, lăcomia, mintea adulteră, aroganţa şi toate celelalte neadevăruri din oameni se manifestă sub formă de violenţă, limbaj profan, adulter sau crimă. Toate aceste fapte la un loc alcătuiesc „firea pământească" ca întreg, iar fiecare dintre ele este o faptă a firii pământeşti.

Păcatele care nu ajung să fie materializate prin fapte, ci sunt comise doar la nivelul minţii şi gândurilor, se numesc „lucruri ale firii pământeşti." Acestea se pot transforma într-o bună zi în fapte ale firii pământeşti dacă nu sunt lepădate din inimă. Mai multe detalii despre lucrurile firii pământeşti vor fi discutate în partea a doua intitulată „Cum se formează sufletul."

Odată ce lucrurile firii pământeşti se manifestă în fapte ale firii pământeşti, vorbim de păcat şi fărădelege. Dacă avem firi păcătoase în inimă, acestea nu sunt considerate păcate dar, odată ce dau naştere la fapte, devin păcate. Dacă nu ne lepădăm de astfel de lucruri şi fapte ale firii pământeşti, ci continuăm să le facem, ridicăm ziduri de păcat între Dumnezeu şi noi. Atunci Satana ne va acuza şi va aduce încercări şi necazuri în vieţile noastre. Astfel putem avea parte de accidente pentru că Dumnezeu nu ne poate proteja. Nu ştim ce se va întâmpla mâine dacă nu suntem sub protecţia lui Dumnezeu. Tot din acest motiv, nu primim nici răspunsuri la rugăciuni.

Fapte evidente ale firii pământeşti

Dacă răul este preponderent în lume, unele din păcatele cele mai evidente sunt senzualitatea şi imoralitatea sexuală. Sodoma şi Gomora au fost pline de senzualitate şi au sfârşit prin a fi distruse de foc şi pucioasă. Dacă vă uitaţi la ruinele oraşului Pompei, acestea vorbesc de decadenţa şi imoralitatea acelei societăţi.

Galateni 5:19-21 descrie bine faptele firii pământeşti:

Și faptele firii pământești sunt cunoscute, și sunt acestea: preacurvia, curvia, necurăția, desfrânarea, închinarea la idoli, vrăjitoria, vrăjbile, certurile, zavistiile, mâniile, neînțelegerile, dezbinările, certurile de partide, pizmele, uciderile, bețiile, îmbuibările, și alte lucruri asemănătoare cu acestea. Vă spun mai dinainte, cum am mai spus, că cei ce fac astfel de lucruri, nu vor moșteni Împărăția lui Dumnezeu.

În zilele noastre, astfel de fapte ale firii pământești se manifestă nestăvilite peste tot în lume. Haideți să vă dau câteva exemple de astfel de fapte ale firii pământești.

Prima este imoralitatea sexuală. Aceasta poate fi fizică sau spirituală. Cea fizică se referă la adulter sau curvie. Nu fac excepție nici cei care sunt logodiți. În ziua de azi, romanele, filmele sau serialele prezintă curvia ca pe o dragoste frumoasă și astfel îi fac pe oameni insensibili față de păcat și le afectează discernământul. Pe lângă acestea, sunt multe materiale obscene care încurajează curvia.

Însă, credincioșii se confruntă cu imoralitatea spirituală. Când se duc la un ghicitor, poartă amulete sau talismane, sau fac vrăjitorii, ei practică adulterul spiritual (1 Corinteni 10:21). Dacă creștinii nu se bazează pe Dumnezeu, care controlează viața, moartea, binecuvântarea și blestemul, ci se bazează pe idoli, comit adulter spiritual, care este la fel cu a-L înșela pe Dumnezeu.

A doua, necurăţia, înseamnă umblarea după pofte, comiterea de lucruri nelegiuite şi o viaţă plină de cuvinte şi fapte imorale. Necurăţia trece dincolo de nivelul obişnuit al imoralităţii sexuale şi ar putea fi, de exemplu, sexul cu animale, sexul în grup şi homosexualitatea (Leviticul 18:22-30). Cu cât mai răspândite sunt păcatele, cu atât mai insensibili sunt oamenii faţă de lucrurile imorale.

Aceste lucruri sunt o neascultare şi o răzvrătire împotriva lui Dumnezeu (Romani 1:26-27). Sunt păcate care duc la pierderea mântuirii (1 Corinteni 6:9-10), lucruri pe care Dumnezeu le detestă (Deuteronom 13:18). Faptul că bărbaţii poartă haine de femeie, sau femeile poartă haine de bărbaţi, precum şi chirurgia de schimbare a sexului sunt o urâciune înaintea lui Dumnezeu (Deuteronom 22:5).

A treia, idolatria, este şi ea o urâciune înaintea lui Dumnezeu.

Există idolatrie fizică şi idolatrie spirituală. Idolatria fizică înseamnă slujirea şi închinarea la chipuri făcute din lemn, pietre sau metal în locul căutării lui Dumnezeu, Creatorul (Exodul 20:4-5). Idolatria serioasă face ca blestemul să se transmită până la a treia sau a patra generaţie. Dacă vă uitaţi la familiile care practică mult idolatria, veţi vedea că duşmanul diavolul şi Satana aduc necontenit necazuri şi încercări asupra lor astfel încât acele familii se confruntă mereu cu probleme. Mulţi membri din familie sunt posedaţi de diavol şi suferă de tulburări mintale sau se confruntă cu alcoolismul. Cei care se nasc în astfel de familii, chiar dacă Îl acceptă pe Dumnezeu, vor fi tulburaţi de duşmanul diavolul şi de Satana şi le va fi greu să ducă o viaţă de credinţă.

Vorbim de idolatrie spirituală când o persoană care crede în Dumnezeu iubeşte altceva mai mult decât pe El. Dacă nu cinsteşte ziua Domnului şi se uită mai bine la filme, seriale, competiţii sportive sau face alte activităţi, sau dacă îşi neglijează îndatoririle de creştin din cauza prietenului sau prietenei, vorbim de idolatrie spirituală. În afară de acestea, dacă iubiţi orice – familie, copii, plăceri lumeşti, bunuri de lux, autoritate, faimă, lăcomie sau cunoştinţe – mai mult decât pe Dumnezeu, acel lucru este un idol.

A patra, vrăjitoria, se referă la folosirea puterii date de duhurile necurate care controlează sau asistă persoana respectivă, în special în cazul ghicitorilor.

Nu puteţi să mergeţi la ghicitori câtă vreme consideraţi că aveţi credinţă în Dumnezeu. Chiar şi necredincioşii pot aduce dezastre când fac vrăjitorii, pentru că vrăjile aduc duhuri rele.

De exemplu, dacă faceţi vrăji pentru a scăpa de nişte probleme, acele probleme se agravează în loc să dispară. După ce se face o vrajă, duhurile necurate par a se linşti o vreme, dar în curând aduc probleme mai mari pentru a primi mai multă închinare. Uneori, par a prezice lucrurile care urmează să se întâmple, dar duhurile rele nu cunosc viitorul. Atât doar că sunt fiinţe spirituale care cunosc inima oamenilor fireşti şi îi înşeală făcându-i să creadă că li se prezice viitorul pentru ca astfel să primească închinare. Tot o vrăjitorie sunt şi planurile de a-i înşela pe alţii, deci, trebuie să aveţi grijă. Dacă lăsaţi pe cineva să dea de necaz folosind un vicleşug, aceasta este o faptă a firii pământeşti şi o modalitate de a aduce nenorocire asupra voastră.

A cincea, duşmănia, este ură, de obicei reciprocă, sau rea voinţă. Implică dorinţa de a distruge pe alţii şi înfăptuirea acesteia. Cei care poartă duşmănie urăsc pe alţii cu vrăjmăşie pentru simplul motiv că nu le place de cealaltă persoană. Dacă ura ajunge să fie foarte intensă, aceşti oameni explodează sau ajung la defăimare şi la uneltiri.

A şasea, certurile, implică de multe ori conflict violent sau divergenţe. Un exemplu din această categorie ar fi grupurile diferite din biserică care se creează doar pentru că ceilalţi au opinii diferite. Aceşti oameni vorbesc pe alţii de rău, judecă şi condamnă. Astfel, biserica ajunge să fie împărţită în mai multe grupuri.

A şaptea, dezbinările, se referă la împărţirea în grupuri după ceea ce crede fiecare. Dezbinări pot fi nu numai în biserică ci şi în familii. Fiul lui David, Absalom, l-a trădat pe tatăl său şi s-a despărţit de el, urmându-şi dorinţele. S-a răzvrătit împotriva tatălui lui ca să devină el rege. Dumnezeu leapădă astfel de oameni. În cele din urmă, Absalom a avut parte de o moarte urâtă.

A opta dintre faptele firii pământeşti se referă la certurile de partide. Când acestea au loc, se pot transforma în erezii. 2 Petru 2:1 spune astfel: *„În norod s-au ridicat și prooroci mincinoși, cum și între voi vor fi învățători mincinoși, care vor strecura pe furiș erezii nimicitoare, se vor lepăda de Stăpânul, care i-a răscumpărat, și vor face să cadă asupra lor o pierzare năpraznică."* Erezia înseamnă a-L tăgădui pe Isus Cristos (1 Ioan 2:22; 4:2-3). Adepții spun că ei cred în Dumnezeu, dar Îl reneagă pe Dumnezeul Triun, sau pe Isus Cristos care ne-a cumpărat cu sângele Lui. În consecință, faptele lor atrag pierzare asupra lor. Biblia spune clar că ereziile sunt cele care Îl tăgăduiesc pe Isus Cristos, prin urmare trebuie să fim atenți să nu judecăm cu ușurință pe cei care L-au primit pe Dumnezeul Triun și pe Isus Cristos.

A noua, pizma, se manifestă când invidia prinde rădăcini adânci. Cel indivios se simte incomod, se distanțează de alții și îi urăște pe cei care par să o ducă mai bine. Dacă acest fel de invidie se dezvoltă, pot urma multe fapte îndreptate împotriva altora. Saul a fost invidios pe omul său, David, pentru că poporul îl iubea pe acesta mai mult decât pe el. S-a folosit chiar și de armată ca să îl omoare pe David și a ucis pe preoți și pe oamenii din locul în care David se ascunsese.

A zecea este beția. Noe a făcut greșeala să bea vin după potop și lucrurile nu au decurs prea bine. A ajuns să-l blesteme pe cel de-al doilea fiu al său, Ham, care i-a dat pe față greșeala.

Efeseni 5:18 spune: *„Nu vă îmbătați de vin, aceasta este*

destrăbălare. Dimpotrivă, fiţi plini de Duh.'' Poate spuneţi că un pahar nu ar fi o problemă, dar este totuşi păcat, pentru că, fie că e un pahar fie că sunt două, beţi alcool ca să vă îmbătaţi. Mai mult, cei care se îmbată fac multe păcate pentru că nu se pot controla.

Biblia vorbeşte de băutul vinului pentru că în Israel apa nu se găseşte în abundenţă, aşa că Dumnezeu le-a dat voie să bea vin în loc de apă. Vinul este sucul pur al viţei, sau o băutură tare, făcută din fructe care conţin mai mult zahăr (Deuteronom 14:26). De fapt, Dumnezeu nu le-a dat voie oamenilor să bea alcool (Leviticul 10:9; Numeri 6:3; Proverbe 23:31; Ieremia 35:6; Daniel 1:8; Luca 1:15; Romani 14:21). Dumnezeu a permis folosirea unei cantităţi mici de vin şi doar în cazuri speciale. Din acest motiv, evreii au băut vin în loc de apă, dar nu cu scopul de a se îmbăta şi de a se simţi bine.

Îmbuibarea înseamnă să te bucuri de alcool, de femei, de jocuri de noroc şi de alte plăceri fără a avea control de sine. Astfel de oameni nu duc la îndeplinire ce le este dat. Lipsa stăpânirii de sine este tot un fel de îmbuibare. Dacă duceţi o viaţă obscenă sau o viaţă de risipă, satisfăcându-vă poftele, şi acest lucru este tot un fel de îmbuibare. Dacă duceţi o astfel de viaţă după ce L-aţi primit pe Domnul, nu puteţi nici să vă daţi inima Domnului, nici să vă lepădaţi de păcate şi astfel nu puteţi moşteni Împărăţia lui Dumnezeu.

Ce înseamnă a nu putea moşteni Împărăţia lui Dumnezeu

Până acum ne-am uitat la faptele firii pământeşti care sunt evidente. De ce fac oamenii astfel de fapte ale firii pământeşti? Pentru că nu doresc să-L pună pe Dumnezeu Creatorul în inima lor. În Romani 1:28-32 este scris: „*Fiindcă n-au căutat să păstreze pe Dumnezeu în cunoştinţa lor, Dumnezeu i-a lăsat în voia minţii lor blestemate, ca să facă lucruri neîngăduite. Astfel au ajuns plini de orice fel de nelegiuire, de curvie, de viclenie, de lăcomie, de răutate; plini de pizmă, de ucidere, de ceartă, de înşelăciune, de porniri răutăcioase; sunt şoptitori, bârfitori, urâtori de Dumnezeu, obraznici, trufaşi, lăudăroşi, născocitori de rele, neascultători de părinţi, fără pricepere, călcători de cuvânt, fără dragoste firească, neînduplecaţi, fără milă. Şi, măcar că ştiu hotărârea lui Dumnezeu, că cei ce fac asemenea lucruri, sunt vrednici de moarte, totuşi, ei nu numai că le fac, dar şi găsesc de buni pe cei ce le fac.*"

Ceea ce spune textul, de fapt, este că nu puteţi moşteni Împărăţia lui Dumnezeu dacă faceţi fapte evidente ale firii pământeşti. Aceasta nu înseamnă că nu veţi putea fi mântuiţi pentru că aţi păcătuit de câteva ori datorită credinţei slabe.

Nu este adevărat că cei noi în credinţă, care nu cunosc prea bine adevărul, şi cei cu credinţă slabă nu vor fi mântuiţi doar pentru că nu s-au lepădat încă de faptele firii pământeşti. Toţi oamenii păcătuiesc până când credinţa lor se maturizează şi pot fi iertaţi de păcate prin sângele Domnului. Dar, dacă continuă să facă faptele firii pământeşti fără să se întoarcă de la ele, nu pot primi mântuirea.

Păcate care duc la moarte

În 1 Ioan 5:16-17 scrie: *„Dacă vede cineva pe fratele său săvârşind un păcat care nu duce la moarte, să se roage; şi Dumnezeu îi va da viaţa, pentru cei ce n-au săvârşit un păcat care duce la moarte. Este un păcat care duce la moarte; nu-i zic să se roage pentru păcatul acela. Orice nelegiuire este păcat; dar este un păcat, care nu duce la moarte."* Aici vedem că sunt păcate care duc la moarte şi păcate care nu duc la moarte.

Care sunt deci păcatele care duc la moarte, care ne privează de dreptul de a moşteni Împărăţia lui Dumnezeu?

Evrei 10:26-27 spune astfel: *„Căci, dacă păcătuim cu voia, după ce am primit cunoştinţa adevărului, nu mai rămâne nici o jertfă pentru păcate, ci doar o aşteptare înfricoşată a judecăţii, şi văpaia unui foc, care va mistui pe cei răzvrătiţi."* Dacă continuăm să păcătuim ştiind că ceea ce facem este păcat, aceasta înseamnă că ne împotrivim lui Dumnezeu şi El nu dă un duh de pocăinţă unor astfel de oameni.

Evrei 6:4-6 spune: *„Căci cei ce au fost luminaţi odată, şi au gustat darul ceresc, şi s-au făcut părtaşi Duhului Sfânt, şi au gustat Cuvântul cel bun al lui Dumnezeu şi puterile veacului* *viitor – şi care totuşi au căzut, este cu neputinţă să fie înnoiţi iarăşi, şi aduşi la pocăinţă, fiindcă ei răstignesc din nou pentru ei, pe Fiul lui Dumnezeu, şi-L dau să fie batjocorit."* Dacă vă împotriviţi lui Dumnezeu după ce aţi auzit adevărul şi aţi experimentaţi lucrările Duhului Sfânt, nu veţi primi duhul de pocăinţă şi prin urmare nu veţi fi mântuiţi.

Dacă condamnaţi lucrările Duhului Sfânt spunând că ele sunt o erezie sau că vin de la diavolul, nu puteţi fi mântuiţi nici în acest caz deoarece asta înseamnă că L-aţi hulit şi v-aţi împotrivit Duhului Sfânt (Matei 12:31-32).

Trebuie să ştim că sunt păcate care nu pot fi iertate, păcate pe care nu trebuie să le facem niciodată. De asemenea, chiar şi păcate neînsemnate se pot transforma în păcate grave dacă se adună. Prin urmare, trebuie să rămânem în adevăr în fiecare moment.

5. Cultivarea

Cultivarea umană se referă la întregul proces prin care Dumnezeu a creat fiinţele omeneşti pe acest pământ şi guvernează istoria umană până în ziua judecăţii, cu scopul de a câştiga copii adevăraţi.

Cultivarea este un proces similar cu cel prin care fermierul seamănă şi culege o recoltă prin muncă asiduă. Dumnezeu a semănat pe pământ prima sămânţă numită Adam şi Eva pentru a culege o recoltă de copii adevăraţi prin munca Lui. El a condus cultivarea umană până în zilele noastre. Chiar dacă Dumnezeu a ştiut de la început că oamenii vor deveni corupţi prin neascultare şi că Îl vor mâhni, totuşi, El continuă cultivarea până la sfârşit deoarece ştie că vor fi copii adevăraţi care se vor lepăda de rău prin dragostea lor pentru Dumnezeu şi care vor avea inima Lui.

Oamenii sunt creaţi din ţărâna pământului, prin urmare au natura şi caracteristicile ţărânii. Dacă semănaţi pământul, seminţele vor încolţi, vor creşte şi vor aduce roadă. Vedem că pământul are puterea de a produce viaţă. De asemenea, pământul se schimbă în funcţie de ce primeşte. La fel stau lucrurile şi cu oamenii. Cei care se mânie mai des vor ajunge să aibă o natură mai plină de mânie. Cei care spun minciuni vor avea mai mult neadevăr în natura lor. După ce Adam a păcătuit, el şi urmaşii săi au devenit oameni fireşti şi s-au întinat foarte repede cu neadevărul.

Din acest motiv, oamenii trebuie să-şi cultive inimile şi să recâştige inima duhului prin acest proces de „cultivare umană." La urma urmei, motivul pentru care oamenii sunt cultivaţi pe pământ este ca inima lor să fie cultivată şi să devină din nou pură ca şi cea pe care Adam a avut-o înainte de cădere. Dumnezeu ne-a dat în Biblie pilde care au de-a face cu cultivarea pământului ca să putem înţelege voia lui Dumnezeu cu privire la cultivarea umană (Matei 13; Marcu 4; Luca 8).

În Matei 13, Isus aseamănă inima oamenilor cu pământul de la marginea drumului, cu cel stâncos, cu cel plin de spini şi cu pământul bun. Trebuie să ne uităm ce fel de pământ avem în inima noastră şi să-l cultivăm aşa încât să devină pământul bun pe care îl doreşte Dumnezeu.

Patru feluri de pământ al inimii

Primul tip de pământ, cel de pe marginea drumului, este bătătorit de mult timp de oameni. De fapt, nu mai este un teren bun şi nicio sămânţă nu va încolţi acolo. Nu este nicio lucrare a vieţii în acel loc.

În sens spiritual, pământul de la marginea drumului se referă la inima celor care nu primesc Evanghelia deloc. Inima lor este atât de împietrită din cauza mândriei şi a orgoliului lor încât sămânţa Evangheliei nu poate fi semănată. Pe vremea lui Isus, liderii religioşi erau atât de înrădăcinaţi în tradiţia şi opinia lor încât L-au respins pe Isus şi Evanghelia. În ziua de azi, cei care au inimi ca pământul de pe marginea drumului sunt atât de împietriţi încât nu sunt deschişi să audă nimic şi resping Evanghelia chiar dacă văd puterea lui Dumnezeu.

Pământul de pe marginea drumului este foarte bătătorit şi seminţele nu pot intra în el. Prin urmare, păsările vin şi le mănâncă. Aici, „păsările" se referă la Satana. El fură Cuvântul lui Dumnezeu ca oamenii să nu aibă credinţă. Aceşti oameni vin la biserică la insistenţele altora, dar nu vor să creadă Cuvîntul lui Dumnezeu care a fost predicat. Mai degrabă judecă pe cel care predică sau mesajul acestuia după propriile lor idei. Cei care şi-au împietrit inima şi nu-şi deschid mintea nu pot primi mântuirea pentru că sămânţa Cuvântului nu poate aduce roadă.

Al doilea tip de pământ, cel stâncos, e ceva mai bun decât cel de pe marginea drumului. Oamenii cu o inimă ca pământul de pe marginea drumului nu au nicio intenţie să primească Cuvântul lui Dumnezeu, dar cei cu inima precum pământul stâncos înţeleg Cuvântul pe care îl aud. Dacă semănaţi pe un teren stâncos, veţi vedea seminţe care încolţesc ici şi colo, dar ele nu pot creşte foarte bine. Marcu 4:5-6 spune: *„O altă parte a căzut pe un loc stâncos, unde n-avea mult pământ: a răsărit îndată, pentru că n-a dat de un pământ adânc; dar, când a răsărit soarele, s-a pălit; şi, pentru că n-avea rădăcină, s-a uscat."*

Cei care au inima ca pământul stâncos, înţeleg Cuvântul lui Dumnezeu, dar nu îl pot primi cu credinţă. Marcu 4:17 spune astfel: *„... dar n-au rădăcină în ei, ci ţin până la o vreme; şi cum vine un necaz sau o prigonire din pricina Cuvântului, se* *leapădă îndată de el."* Aici „Cuvântul" se referă la Cuvântul lui Dumnezeu care ne spune lucruri cum ar fi: „ţineţi Sabatul, daţi zeciuiala toată, nu vă închinaţi la idoli, slujiţi altora şi fiţi smeriţi." Când aud Cuvântul lui Dumnezeu, ei cred că îl vor împlini dar nu îşi pot ţine hotărârea când dau de dificultăţi. Se bucură când primesc harul lui Dumnezeu dar, când dau de greutăţi, îşi schimbă atitudinea. Au auzit şi cunosc Cuvântul Lui, dar nu au suficientă tărie să îl pună în practică pentru că acest Cuvânt nu a fost cultivat în inima lor ca şi credinţă adevărată.

Al treilea caz, cei care au inima ca pământul plin de spini, înţeleg Cuvântul lui Dumnezeu şi îl pun în aplicare. Însă, nu pot să-l împlinească cum ar trebui şi, prin urmare, Cuvântul nu aduce roadă. Marcu 4:19 spune: *„...dar năvălesc în ei grijile lumii, înşelăciunea bogăţiilor şi poftele altor lucruri, care îneacă Cuvântul, şi-l fac astfel neroditor."*

Cei care au un astfel de pământ al inimii par a fi credincioşi buni, care pun în aplicare Cuvântul lui Dumnezeu, dar care încă dau de greutăţi şi necazuri, iar creşterea lor spirituală este înceată. Aceasta se datorează faptului că nu experimentează cu adevărat lucrarea lui Dumnezeu, fiind amăgiţi de îngrijorările lumii, de înşelăciunea bogăţiilor şi de dorinţele după alte lucruri. De exemplu, să presupunem că afacerea lor a dat faliment şi e posibil să ajungă în închisoare. Dacă situaţia le permite să plătească datoria printr-o şmecherie şi Satana îi ispiteşte astfel, este foarte probabil că se vor lăsa ispitiţi. Dumnezeu îi poate ajuta doar atunci când aleg o cale dreaptă, indiferent cât este de greu, dar ei se lasă totuşi ispitiţi de Satana.

Chiar dacă au dorinţa de a împlini Cuvântul lui Dumnezeu, nu-l pot împlini cu credinţă pentru că mintea lor este plină de gânduri omeneşti. Se roagă să pună totul în mâna Domnului dar, în realitate, ei pun pe primul plan experienţa şi teoriile lor. Îşi pun planurile lor pe primul rând şi, astfel, lucrurile nu decurg prea bine, chiar dacă începutul a fost promiţător. Iacov 1:8 spune că aceşti oameni sunt nehotărâţi.

Când spinii încep să răsară nu par să facă nicio daună. Dar, când cresc, situaţia se schimbă complet. Vor forma un tufiş care nu lasă alte seminţe bune să se dezvolte. Prin urmare, dacă este vreun lucru care ne împiedică să împlinim Cuvântul lui Dumnezeu, trebuie să-L îndepărtăm cât de repede, chiar dacă pare neînsemnat.

Al patrulea este pământul cel bun: fertil şi lucrat bine de fermier. Se ară pământul dur şi se îndepărtează pietrele şi spinii. Aceasta înseamnă că nu veţi face lucrurile pe care le interzice Dumnezeu şi vă veţi lepăda de lucrurile de care Dumnezeu vă spune să vă lăsaţi. Din cauză că nu sunt pietre sau alte obstacole, când Cuvântul lui Dumnezeu cade pe acest pământ, El va aduce o recoltă de treizeci, şaizeci sau de o sută de ori mai mare decât ceea ce a fost semănat. Acest fel de oameni vor primi răspunsuri la rugăciunile lor.

Pentru a vedea cât de bine ne-am cultivat pământul inimii într-unul bun, ne putem uita la cât de bine punem în aplicare

Cuvântul lui Dumnezeu. Cu cât mai mult pământ bun am cultivat, cu atât este mai ușor să trăim după Cuvântul lui Dumnezeu. Unii oameni cunosc Cuvântul Lui, dar nu Îl pot pune în aplicare datorită oboselii, lenei, gândurilor și dorințelor neadevărate. Cei care au un pământ bun în inima lor nu au astfel de obstacole, astfel că înțeleg și pun în practică Cuvântul lui Dumnezeu când îl aud. Când își dau seama că un anume lucru este voia lui Dumnezeu și Îi este plăcut, ei îl fac fără tăgadă.

Pe măsură ce vă cultivați inima, ajungeți să îi iubiți pe cei pe care înainte îi urați. Acum puteți să îi iertați pe cei pe care nu i-ați putut ierta înainte. Invidia și judecata se vor transforma în dragoste și milă. O minte disprețuitoare se va transforma într-una smerită și slujitoare. Cultivarea inimii cuiva pentru a o face un pământ bun implică o lepădare de rău necesară tăierii împrejur a inimii. Astfel, când sămânța Cuvântului lui Dumnezeu cade pe o inimă cu pământ bun, ea încolțește și crește repede pentru a produce din abundență cele nouă roade ale Duhului Sfânt și roadele Luminii.

Pe măsură ce vă veți transforma pământul inimii într-unul bun, veți putea primi credința spirituală de sus. De asemenea, vă veți putea ruga cu dăruire ca puterea lui Dumnezeu să se reverse, să auziți vocea Duhului Sfânt cu claritate și să împliniți voia lui Dumnezeu. Astfel de oameni sunt roadele pe care Dumnezeu dorește să le culeagă prin cultivarea umană.

Caracterul vasului: pământul inimii

Un element important în cultivarea inimii este caracterul vasului. Acesta depinde de caracterul materialului din care este făcut vasul. Ne arată cum ascultă o persoană Cuvântul lui Dumnezeu, cum îl memorează şi cum îl trăieşte. Biblia ne vorbeşte de mai multe tipuri de vase şi anume de aur, argint, lemn şi pământ (2 Timotei 2:20-21).

Cu toţii ascultă acelaşi Cuvânt al lui Dumnezeu, dar îl aud diferit. Unii îl acceptă cu „Amin", în timp ce alţii îl neglijează dacă nu se potriveşte cu ceea ce gândesc ei. Unii îl ascultă cu o inimă sinceră şi îl trăiesc, în timp ce alţii se simt binecuvântaţi de mesaj dar îl uită curând.

Aceste deosebiri vin din diversitatea caracterelor vaselor. Dacă acordaţi atenţie Cuvântului lui Dumnezeu pe care îl auziţi, acesta va fi semănat în inima voastră diferit decât dacă îl ascultaţi somnoroşi să fără să-i daţi atenţie. Chiar dacă ascultaţi acelaşi mesaj, rezultatul va fi diferit dacă îl păstraţi cu atenţie în adâncul inimii voastre decât dacă îl ascultaţi fără prea mult interes.

În Faptele Apostolilor 17:11 vedem că: „*Iudeii aceştia aveau o inimă mai aleasă decât cei din Tesalonic. Au primit Cuvântul cu toată râvna, şi cercetau Scripturile în fiecare zi, ca să vadă dacă ce li se spunea, este aşa*", iar în Evrei 2:11 citim: „*De aceea, cu atât mai mult trebuie să ne ţinem de lucrurile, pe care le-am auzit, ca să nu fim depărtaţi de ele.*"

Dacă ascultaţi cu atenţie Cuvântul lui Dumnezeu, îl memoraţi şi îl trăiţi, atunci putem spune că aveţi un vas care are un caracter bun. Cei care au un vas cu caracter bun sunt împlinitori ai Cuvântului şi astfel ei cultivă un teren bun în inima lor. Având un teren bun al inimii, ei păstrează Cuvântul lui Dumnezeu în inima lor şi îl trăiesc.

Caracterul bun al vasului ajută la cultivarea unui pământ bun, iar acest pământ bun ajută la cultivarea unui caracter bun al vasului. După cum scrie în Luca 2:19 *„Maria păstra toate cuvintele acelea, şi se gândea la ele în inima ei"*, fecioara Maria a avut un vas bun care a ajutat-o să păstreze Cuvântul lui Dumnezeu în mintea ei şi astfel a primit binecuvântarea să Îl zămislească pe Isus prin Duhul Sfânt.

În 1 Corinteni 3:9 scrie: *„Căci noi suntem împreună lucrători cu Dumnezeu. Voi sunteţi ogorul lui Dumnezeu, clădirea lui Dumnezeu."* Noi suntem pământul pe care îl cultivă Dumnezeu. Dacă ascultăm şi păstrăm Cuvântul lui Dumnezeu în mintea noastră şi îl punem în aplicare, putem avea o inimă curată şi bună ca pământul cel bun şi putem fi ca un vas bun de aur pe care Dumnezeu îl va folosi pentru scopuri nobile.

Caracterul inimii: mărimea vasului

Mai există un concept legat de caracterul vasului. Acesta se referă la cât de mult îşi lărgeşte omul inima şi o foloseşte. Caracterul vasului se referă la materialul din care e făcut vasul, în timp ce caracterul inimii se referă la mărimea vasului. Caracterul inimii se împarte în patru catergorii.

Din prima categorie fac parte cei care fac mai mult decât ar trebui să facă. Acesta este cel mai bun caracter al inimii. De exemplu, părinţii le spun copiilor să ia mizeria de pe covor. Copiii nu numai că iau mizeria de pe covor dar şi fac curat în cameră. Ei depăşesc aşteptările părinţilor şi astfel aduc bucurie părinţilor lor. Ştefan şi Filip au fost doar diaconi, dar s-au arătat la fel de sfinţi şi de credincioşi ca apostolii. Ei au fost plăcuţi înaintea lui Dumnezeu şi au făcut mari semne şi minuni.

Din a doua categorie fac parte cei care fac doar ceea ce li se cere. Aceşti oameni îşi asumă propria responsabilitate, dar în realitate nu le pasă de alţii sau de ce este în jur. Dacă părinţii le cer să cureţe mizeria, ei fac doar atât. Ascultarea şi eforturile lor sunt apreciate dar nu îi aduc o bucurie foarte mare lui Dumnezeu. Unii credincioşi intră în această categorie când vine vorba de slujirea în biserică; îşi duc doar la îndeplinire sarcinile şi nu le pasă prea mult despre alte aspecte. Acest fel de oameni nu pot fi o bucurie foarte mare înaintea lui Dumnezeu.

În a treia categorie intră cei care fac ceea ce fac doar pentru că se simt datori să o facă. Nu fac lucrurile cu bucurie şi mulţumire, ci cu nemulţumire şi murmure. Astfel de oameni au o atitudine negativă faţă de toate lucrurile şi nu se sacrifică ca să îi ajute pe alţii. Dacă li se dau anumite sarcini, le fac dintr-un sentiment de datorie, dar e foarte probabil că nu se vor purta foarte frumos cu alții. Dumnezeu se uită la inima noastră. El se bucură când ne ducem la îndeplinire îndatoririle din proprie inițiativă și cu dragoste pentru Dumnezeu, nu când ne simțim forțați sau o facem dintr-un sentiment de datorie.

În a patra categorie intră cei care fac răul. Astfel de oameni nu au un sentiment de responsabilitate sau de datorie. De asemenea, nu au nici considerație pentru alții. Rămân axați pe ceea ce cred și pe teoriile lor și nu se poartă frumos cu alții. Dacă astfel de oameni devin pastori sau lideri care au grijă de membrii bisericii, ei nu vor putea acționa cu dragoste și, prin urmare, vor pierde sufletele sau le vor face să se poticnească. Dau întotdeauna vina pe altcineva când lucrurile nu dau rezultate favorabile și în final își abandonează îndatoririle. De aceea, este mai bine dacă nu primesc nicio îndatorire.

Haideți să vedem ce fel de caracter are inima noastră. Chiar dacă inima noastră nu este prea mare, o putem schimba într-una mare. Pentru a face acest lucru, trebuie să ne sfințim inima și să fim un vas cu caracter bun. Nu putem avea o inimă cu un caracter bun în timp ce suntem un vas cu caracter rău. Există o modalitate de a cultiva un caracter bun dacă ne sacrificăm cu pasiune și devotament în fiecare lucru pe care îl facem.

Cei care au un caracter bun al inimii fac lucrări mari înaintea lui Dumnezeu și Îi aduc multă slavă. Așa a fost cazul lui Iosif. El a fost vândut de frații lui și a fost dus în Egipt iar acolo a devenit un rob al lui Potifar, căpetenia străjerilor lui Faraon. Însă, el nu și-a plâns de milă din cauză că a fost fost vândut ca sclav. Dimpotrivă, a făcut cu credincioşie tot ce i-a cerut stăpânul şi astfel a fost pus să conducă treburile casei stăpânului lui. Mai târziu, a fost acuzat pe nedrept şi dus la închisoare, dar a rămas credincios ca şi înainte şi mai târziu a devenit prim ministru al Egiptului. El a salvat ţara şi familia lui de o foamete mare şi a pus bazele formării naţiunii Israel.

Dacă nu ar fi avut un caracter bun al inimii, Iosif ar fi făcut doar ceea ce îi ceruse stăpânul lui. Ar fi ajuns să moară ca sclav în Egipt sau să fie în închisoare pe viaţă. Însă, Dumnezeu l-a folosit pe Iosif în mare măsură pentru că a făcut lucrurile cât a putut de bine înaintea Lui, în toate circumstanţele, şi a dat dovadă de o inimă mare.

Grâu sau neghină?

De la căderea lui Adam încoace, în acest spaţiu fizic, Dumnezeu a cultivat fiinţele umane o perioadă îndelungată de timp. La vremea hotărâtă, El va separa grâul de neghină şi va duce grâul în Împărăţia Lui, iar neghina în iad. Matei 3:12 ne spune: *„Acela Îşi are lopata în mână, Îşi va curăţi cu desăvârşire aria, şi Îşi va strânge grâul în grânar; dar pleava o va arde într-un foc care nu se stinge."*

Aici, grâul se referă la cei care Îl iubesc pe Dumnezeu şi trăiesc după Cuvântul Lui. Spre deosebire de ei, cei care nu trăiesc după Cuvântul lui Dumnezeu ci trăiesc în păcat şi în neadevăr, şi cei care nu Îl primesc pe Isus Cristos şi fac faptele firii pământeşti, sunt neghina.

Dumnezeu vrea ca toți să fie ca grâul și să primească mântuirea (1 Timotei 2:4). În același mod, și fermierii ar dori să culeagă o recoltă din toate semințele pe care le-au semănat. Însă, la vremea recoltei, se găsește întotdeauna niște neghină. Tot astfel, nu toți oamenii care sunt cultivați vor deveni grâul care poate fi mântuit.

Dacă nu am cunoaște acest aspect din cultivarea umană, unii ar putea pune întrebări de genul: „Dacă Dumnezeu este dragoste, de ce mântuiește pe unii, iar pe alții îi lasă să meargă pe calea pierzării?" Mântuirea fiecărui individ nu este decisă de Dumnezeu, după plăcerea Lui, ci depinde de voința fiecăruia. Toți care trăiesc în spațiul fizic trebuie să decidă între Cer și iad.

Isus a spus în Matei 7:21 „*Nu orișicine-Mi zice: «Doamne, Doamne!» va intra în Împărăția cerurilor, ci cel ce face voia Tatălui Meu care este în ceruri*", iar în Matei 13:49-50 a continuat: „*Tot așa va fi și la sfârșitul veacului. Îngerii vor ieși, vor despărți pe cei răi din mijlocul celor buni, și-i vor arunca în cuptorul aprins; acolo va fi plânsul și scrâșnirea dinților.*"

Aici, „cei buni" se referă la credincioși. Cu alte cuvinte, Dumnezeu va despărți grâul de neghină în rândul celor credincioși. Chiar dacă Îl primesc pe Isus Cristos și merg la biserică, oamenii sunt răi dacă nu împlinesc voia lui Dumnezeu. Sunt doar neghina care trebuie aruncată în focul iadului.

Dumnezeu ne învață în Biblie despre inima lui Dumnezeu

Creatorul, despre planul cultivării umane şi despre adevăratul scop al vieţii. El doreşte să cultivăm un caracter bun al vasului şi unul bun al inimii şi să devenim copii adevăraţi ai lui Dumnezeu, adică să fim grâul din Împărăţia lui Dumnezeu. Dar, câţi oameni caută lucruri fără valoare în această lume plină de păcat şi de nelegiuire? Ei fac asta pentru că vieţile lor sunt controlate de sufletul lor.

Partea 2

Cum se formează sufletul

(Cum operează sufletul în spațiul fizic)

De unde vin gândurile oamenilor?

Îi merge bine sufletului meu?

Noi răsturnăm izvodirile minții
și orice înălțime, care se ridică
împotriva cunoștinței lui Dumnezeu;
și orice gând îl facem rob ascultării de Hristos.
Îndată ce se va săvârși ascultarea aceasta din partea voastră,
suntem gata să pedepsim orice neascultare.
- 2 Corinteni 10:5-6

Capitolul 1

Cum se formează sufletul

Din momentul în care duhul omului a murit,
sufletul lui a luat locul de stăpân al omului
pe perioda în care trăiește în spațiul fizic.
Sufletul a ajuns sub influența Satanei și poate opera în mai multe feluri.

1. Definiţia sufletului

2. Felurile în care operează sufletul în spaţiul fizic

3. Întunericul

Vedem minunile creației lui Dumnezeu când ne uităm la creaturi cum ar fi liliecii care își localizează prada prin ecolocație; alte exemple ar fi somonii și diferitele păsări care călătoresc mii de mile și se întorc la locul în care s-au născut și unde s-au împerecheat, sau ciocănitoarea care lovește lemnul de o mie de ori într-un minut.

Oamenii sunt creați să stăpânească peste toate lucrurile. Structura fizică exterioară a omului nu este la fel de puternică ca cea a leilor sau tigrilor. Sistemele auditiv și olfactiv nu sunt la fel de dezvoltate ca și ale câinilor. Cu toate acestea, omul este numit domn peste toate creaturile.

Aceasta se datorează faptului că el are duh și capacitate de judecată dată de un creier care funcționează la un nivel mai înalt. Oamenii au inteligență și pot dezvolta știința și civilizația ca să domnească peste toate lucrurile. Aceasta este gândirea omului și ea este legată de „suflet."

1. Definiţia sufletului

Dispozitivul de memorie din creier, cunoştinţele înmagazinate în memorie şi gândurile care se formează pe baza cunoştinţelor alcătuiesc „sufletul."

Ca să putem înţelege mai bine cum operează sufletul, trebuie să înţelegem clar relaţia dintre duh, suflet şi trup. Făcând astfel, ne vom putea însuşi din nou modul în care Dumnezeu doreşte ca sufletul să opereze. Pentru a-L împiedica pe Satana să ne controleze prin intermediul sufletului, duhul nostru trebuie să stăpânească şi să conducă sufletul.

Dicţionarul Merriam-Webster defineşte sufletul ca „esenţa imaterială, principiul care animează sau forţa motrice a vieţii unui individ; principiul spiritual întrupat în fiinţele umane, în toate fiinţele raţionale şi spirituale, sau în univers." Însă, definiţia biblică a sufletului este diferită de cea din dicţionar.

Dumnezeu a pus un dispozitiv de memorie în creierul uman. Acesta are capacitatea de a-şi aminti lucruri. În acest fel, oamenii pot introduce cunoştinte în acest dispozitiv şi ulterior le pot extrage. „Gândul" presupune extragerea conţinutului din dispozitivul de memorie. Adică, gândul înseamnă a extrage şi a-ţi aminti lucrurile care au fost puse în memorie. Dispozitivul de memorie, cunoştinţele pe care le-a înmagazinat şi extragerea acestora alcătuiesc laolaltă ceea ce numim „suflet."

Se poate face o analogie între sufletul unui om şi o bază de

date, căutarea şi folosirea informaţiei într un calculator. Oamenii
au suflet pentru a-şi aminti şi a gândi, şi astfel sufletul este la fel
de important precum inima pentru oameni.

Puterea de memorare şi inteligenţa unei persoane, care diferă
de la om la om, depind de câte informaţii a primit persoana
respectivă, cât a auzit şi a văzut şi de cât de mult îşi aminteşte
şi foloseşte aceste informaţii. Coeficientul de inteligenţă, sau
IQ, depinde în cea mai mare parte de moştenirea genetică, dar
poate fi schimbat prin elemente achiziţionate cum ar fi studiul
şi experienţele. Chiar dacă două persoane se nasc cu acelaşi
coeficient de inteligenţă, acesta se poate schimba în funcţie de cât
de mult îşi dă silinţa fiecare.

Importanţa felului în care operează sufletul

Felul în care operează sufletul depinde de conţinutul
dispozitivului de memorie. Oamenii văd, aud şi simt diferite
lucruri şi îşi amintesc multe din ele în fiecare zi. Mai târziu îşi
amintesc acele lucruri pentru a-şi planifica viitorul sau pentru a
raţiona şi a discerne între bine şi rău.

Trupul este ca un vas care conţine duhul şi sufletul. Sufletul
joacă un rol important în formarea caracterului, personalităţii
şi standardelor de judecată printr-un process numit „gândire."
Succesul sau eşecul unei persoane depinde de cum operează
sufletul.

Următorul incident a avut loc într-un sat mic numit

Kodamuri, care se află la 110 km de Calcuta, India, în anul 1920.
Pastorul Singh şi soţia lui era misionari acolo şi au auzit de la
localnici despre nişte monştri care arătau ca o fiinţă umană şi
trăiau cu lupii în peşteră. Când pastorul Singh a prins monştrii a
constatat că erau de fapt două fete.

Pe baza jurnalului ţinut de pastorul Singh, fetele arătau doar
ca nişte fiinţe umane dar comportamentul lor era ca al lupilor.
Una din ele a murit la scurt timp, dar cealaltă fată, pe care au
numit-o Gamara, a trăit cu familia Singh timp de nouă ani şi a
murit de o intoxicaţie a sângelui numită uremie.

În timpul zilei, Gamara stătea cu faţa la perete într-o cameră
întunecată şi, fără să se mişte deloc, aţipea. Însă, noaptea mişuna
în jurul casei şi urla ca lupii care se aud de la depărtare. Îşi lingea
mâncarea fără a-şi folosi mâinile, alerga în patru „labe" ca şi lupii.
Dacă nişte copii se apropiau de ea, îşi arăta dinţii, mârâia şi pleca
de acolo.

Familia Singh a încercat să o ajute pe această fată lup să devină
o fiinţă umană adevărată, dar nu a fost uşor. Doar după trei ani
a început să mănânce cu mâinile şi după cinci ani a început să
exprime emoţii cum ar fi bucurie sau supărare. Emoţiile pe care
le arăta Gamara până înainte să moară au fost foarte simple,
similare cu felul în care îşi exprimă câinii bucuria dând din coadă
la vederea stăpânilor.

Această istorisire ne spune că sufletul omului are un rol
esenţial în a face oamenii să fie oameni. Gamara a crescut văzând
comportamentul lupilor. Datorită faptului că nu a primit

cunoştinţa adecvată fiinţelor umane, sufletul ei nu s-a putut dezvolta. Fiind crescută de lupi, nu a avut de ales decât să se comporte ca un lup.

Diferenţa dintre oameni şi animale

Oamenii au duh, suflet şi trup. Cel mai important dintre acestea este duhul. Duhul omului este dat de Dumnezeu – care este duh, şi nu poate fi distrus. Trupul moare şi ajunge un pumn de ţărână, dar duhul şi sufletul rămân şi merg fie în Cer fie în iad.

Când Dumnezeu a făcut animalele, nu a suflat în ele suflare de viaţă aşa cum a făcut în cazul oamenilor, prin urmare, animalele au doar trup şi suflet. Ele au şi o unitate de memorie în creierul lor. Pot să-şi amintească ce au văzut şi au auzit în timpul vieţii lor. Însă, datorită faptului că nu au duh, nu au o inimă spirituală. Ceea ce învaţă şi aud rămâne înregistrat doar în unitatea de memorie a celulelor din creierul lor.

Eclesiastul 3:21 spune: *„Cine ştie dacă suflarea omului se suie în sus, şi dacă suflarea dobitocului se pogoară în jos în pământ?"* Acest verset foloseşte termenul „suflarea omului." Cuvântul suflare, care se referă la sufletul omului este folosit aici deoarece în vremurile vechi testamentale, înainte ca Isus să fi venit pe pământ, duhul care rămăsese în oameni era „mort." Prin urmare, indiferent dacă au fost mântuiţi sau nu, când mureau, se spunea că „suflarea" sau „sufletul" i-a părăsit. Faptul că sufletul unui om „se suie" înseamnă că sufletul lor nu dispare ci merge fie în Cer, fie în iad. Pe de altă parte, sufletul animalelor se pogoară în pământ, ceea ce înseamnă că dispare. Celulele din creierul lor mor când animalele mor și astfel conținutul înmagazinat în creier nu mai există. Sufletul lor nu mai operează. În unele mituri sau povestiri, pisicile negre sau șerpii se răzbună pe oameni, dar acest fel de povestiri nu trebuie să fie considerate ca adevărate.

Acțiunea sufletului animalelor este limitată doar la ce este necesar pentru supraviețuirea lor. Este rezultatul instinctului. Din instinct, animalele se tem de moarte. Ele pot să opună rezistență sau să arate teamă dacă sunt amenințate, dar nu se pot răzbuna niciodată. Animalele nu au duh și astfel nu Îl pot căuta pe Dumnezeu. Se gândesc oare peștii la cum să-L întâlnească pe Dumnezeu în timp ce înoată? Spre deosebire de animale, sufletul oamenilor operează într-o altă dimensiune, care este mult mai complicată decât cea a animalelor. Oamenii au abilitatea de a se gândi și la alte lucruri, nu neapărat legate de instinctul de supraviețuire. Ei pot dezvolta civilizații, se pot gândi la semnificația vieții, sau pot nutri idei filozofice sau religioase.

Oamenii au un suflet care operează într-o dimensiune mai înaltă deoarece, pe lângă suflet și trup, au fost înzestrați și cu duh. Chiar și oamenii care nu cred în Dumnezeu au duh. Acest lucru explică într-o oarecare măsură faptul că ei au o percepție vagă despre lumea spirituală și au un sentiment de teamă de viața după moarte. Având un duh care este mort, oamenii sunt controlați complet de sufletele lor și păcătuiesc, prin urmare, ajung în iad.

Oameni ai sufletului

Adam a fost creat ca ființă spirituală care putea comunica cu Dumnezeu. Cu alte cuvinte, duhul era stăpânul, iar sufletul era sub conducerea duhului şi asculta de acesta. Desigur, chiar şi atunci sufletul avea rolul de a gândi şi de a-şi aminti, dar pentru că nu avea neadevăr şi gânduri păcătoase, sufletul asculta doar de instrucțiunile primite de la duh, iar acesta asculta de Cuvântul lui Dumnezeu.

Însă, după ce a mâncat din pomul cunoştinței binelui şi răului iar duhul lui a murit, Adam a devenit un om al sufletului şi a intrat sub controlul lui Satana. A început să primescă gânduri şi fapte izvorâte din neadevăr. Astfel, oamenii au început să se îndepărteze tot mai mult de neadevăr, pentru că Satana le controla sufletul şi îi conducea pe calea neadevărului. Prin urmare, oamenii sufletului nu pot primi niciun fel de cunoştințe de la duhul lui Dumnezeu pentru că duhul lor a murit.

Oamenii sufletului, al căror duh a murit, nu pot fi mântuiți. Aşa a fost cazul lui Anania şi Safira din biserica primară. Ei credeau în Dumnezeu, dar nu aveau credință adevărată. Au fost îndemnați de Satana să mintă pe Duhul Sfânt şi pe Dumnezeu. Ce s-a întâmplat cu ei?

În Faptele Apostolilor 5:4-5 citim: ,,*«N-ai mințit pe oameni, ci pe Dumnezeu.» Anania, când a auzit cuvintele acestea, a căzut jos, şi şi-a dat sufletul. O mare frică a apucat pe toți cei ce ascultau aceste lucruri.*"

Fiindcă versetul spune şi-a dat ultima suflare (cf. traducerii

Bibliei în Engleză -n.tr.) putem deduce că el nu a fost mântuit. Spre deosebire de el, Ștefan a fost un om al duhului care a ascultat de voia lui Dumnezeu. A avut o dragoste atât de mare încât s-a rugat pentru cei care îl omorau cu pietre. El și-a încredințat duhul în mâna Domnului în timp ce era martirizat.

Faptele Apostolilor 7:59 ne relatează: *„Și aruncau cu pietre în Ștefan, care se ruga și zicea: «Doamne Isuse, primește duhul meu!»"* Ștefan L-a primit pe Duhul Sfânt când L-a acceptat pe Isus Cristos iar duhul său a fost reînviat și astfel s-a rugat „...primește duhul meu!" Aceasta înseamnă că a fost mântuit. În Biblie găsim un verset care folosește „suflet" în loc de „duh." Când Ilie a înviat copilul văduvei din Sarepta versetul spune că viața s-a întors la el. *„Domnul a ascultat glasul lui Ilie, și sufletul copilului s-a întors în el, și a înviat"* (1 Împărați 17:22).

După cum am mai spus, în timpul vechiului testament, oamenii nu primeau Duhul Sfânt iar duhul lor nu putea fi înviat. Astfel se face că Biblia nu folosește cuvântul „duh" chiar dacă copilul a fost mântuit.

De ce a poruncit Dumnezeu ca amaleciții să fie distruși

Când copiii lui Israel au ieșit din Egipt și se îndreptau spre Canaan, armata amaleciților le-a stat înainte. Lor nu le era teamă de Dumnezeu, care era cu copiii lui Israel, nici chiar după ce au auzit despre lucrările mărețe pe care le-a făcut El în Egipt. Ei i-au atacat pe copiii lui Israel, pe cei care erau la urmă, când erau obosiți și sleiți de puteri (Deuteronom 25:17-18).

Din acest motiv, Dumnezeu i-a poruncit împăratului Saul să-i distrugă pe amaleciți (1 Samuel capitolul 15). El i-a poruncit să omoare bărbați, femei și copii, tineri și bătrâni, chiar și animalele.

Dacă nu înțelegem lucrurile duhului, nu putem înțelege o astfel de poruncă. Unii poate se întreabă astfel „Dumnezeu este bun, El este dragoste. De ce a dat El o astfel de poruncă prin care să omoare cu cruzime pe oameni ca și cum ar fi animale?"

Dar, dacă înțelegeți semnificația spirituală a acestui incident, veți putea înțelege de ce a dat Dumnezeu o astfel de poruncă. Animalele au și ele putere de memorie iar, când sunt învățate, ele își amintesc și își ascultă stăpânii. Dar pentru că nu au duh, ele se transformă în țărână. Nu au valoare în ochii lui Dumnezeu. Tot astfel, cei care au un duh mort și care nu pot fi mântuiți ajung în iad și nu au valoare înaintea lui Dumnezeu la fel ca și animalele lipsite de duh.

Amaleciții erau plini de cruzime și vicleni. Nu ar fi fost dispuși să se întoarcă de la căile lor sau să se pocăiască indiferent cât de mult timp ar fi primit. Dacă ar fi fost vreunul neprihănit sau care ar fi dorit să se pocăiască și să se întoarcă de la căile lui, Dumnezeu ar fi încercat să îi mântuiască cu orice chip. Amintiți-vă de promisiunea lui Dumnezeu de a nu distruge orașele Sodoma și Gomora, care erau pline de păcate, dacă ar fi fost doar zece oameni neprihăniți acolo.

Dumnezeu este plin de milă şi încet la mânie. Însă, aceşti amaleciţi nu mai puteau primi mântuirea oricât de mult timp li s-ar mai fi dat. Ei nu erau grâul, ci neghina care ajunge să fie distrusă. Din acest motiv, Dumnezeu a poruncit să fie distruşi toţi amaleciţii care se ridicaseră împotriva lui Dumnezeu. Eclesiastul 3:18 spune: *„Am zis în inima mea că acestea se întâmplă numai pentru oameni, ca să-i încerce Dumnezeu, şi ei înşişi să vadă că nu sunt decât nişte dobitoace."* Când Dumnezeu i-a testat, nu erau mai diferiţi decât animalele. Cei care au duhul mort, funcţionează doar cu sufletul şi trupul, astfel că se poartă ca nişte animale. Desigur că în această lume din zilele noastre, plină de păcate, mulţi oameni sunt mai răi ca animalele. Este evident faptul că aceştia nu pot fi mântuiţi. Pe de-o parte, animalele mor şi apoi dispar, pe de altă parte, oamenii trebuie să meargă în iad dacă nu sunt mântuiţi. În final, aceştia sunt într-o situaţie mai rea decât animalele.

2. Felurile în care operează sufletul în spaţiul fizic

La început, duhul era stăpânul omului, însă, datorită păcatului lui Adam, sufletul lui a murit. Energia spirituală a început să dispară, iar energia pământească a înlocuit-o. De atunci a început operaţiunea sufletului care ţine de neadevăr.

Sunt două tipuri de operaţiuni ale sufletului. Una aparţine firii şi cealaltă duhului. Când Adam era un suflet viu, primea adevărul direct de la Dumnezeu. În acest fel, sufletul lui avea doar operaţiuni care aparţineau duhului, adică adevărului. Însă, când duhul lui a murit, a început operaţiunea sufletului care aparţine neadevărului.

În Luca 4:6 citim: *„şi I-a zis: «Ţie Îţi voi da toată stăpânirea şi slava acestor împărăţii; căci mie îmi este dată, şi o dau oricui voiesc.»"* Aceasta este scena în care diavolul L-a ispitit pe Isus. Diavolul a spus că a primit autoritatea şi nu că a avut-o de la început. Adam a fost creat ca domn peste toate creaturile, dar a devenit un sclav al diavolului pentru că a ascultat de păcat. Din acest motiv, autoritatea lui Adam a fost dată diavolului şi lui Satana. De atunci sufletul a devenit conducătorul omului şi toţi oamenii au ajuns sub stăpânirea duşmanului diavol şi Satana.

Satana nu poate stăpâni peste duhul sau peste inima adevărată a omului. El controlează sufletul oamenilor pentru a le lua inima. Satana pune tot felul de neadevăruri în mintea oamenilor. El poate controla inima oamenilor pe măsură ce stăpâneşte peste operaţiunea sufletului oamenilor.

Când Adam era un suflet viu, el avea doar cunoştinţa adevărului astfel că inima lui era duhul lui. Însă, de când comunicarea cu Dumnezeu a fost întreruptă, nu a mai putut primi cunoştinţa adevărului nici energie spirituală. În schimb, a ajuns să accepte cunoştinţa neadevărului primită de la Satana prin intermediul sufletului. Cunoştinţa neadevărului a ajuns să formeze inima neadevărului în inimile oamenilor.

Distrugeţi operaţiunea sufletului care ţine de fire

Aţi spus vreodată cuvinte tăioase sau aţi făcut ceva ce nu aţi crezut că veţi face? Acest lucru se datorează faptului că oamenii sunt controlaţi de suflet. Deoarece sufletul acoperă duhul, acesta poate fi activ doar când dăm la o parte operaţiunile sufletului care ţin de fire. Cum anume putem da la o parte operaţiunile sufletului care ţin de fire? Cel mai important lucru este să recunoaştem că ideile şi cunoştinţele noastre nu sunt bune. Doar atunci suntem gata să acceptăm Cuvântul Adevărului, care este diferit de ideile noastre.

Isus vorbeşte în pilde pentru a îndepărta ideile greşite ale oamenilor (Matei 13:34). Ei nu pot înţelege lucrurile spirituale pentru că sămânţa vieţii a fost înăbuşită de suflet, aşa că Isus a încercat să-i facă să înţeleagă prin pilde, folosind lucruri din lumea aceasta. Însă, nici fariseii, nici ucenicii nu L au înţeles. Ei au interpretat totul prin standardul ideilor lor fixe şi al

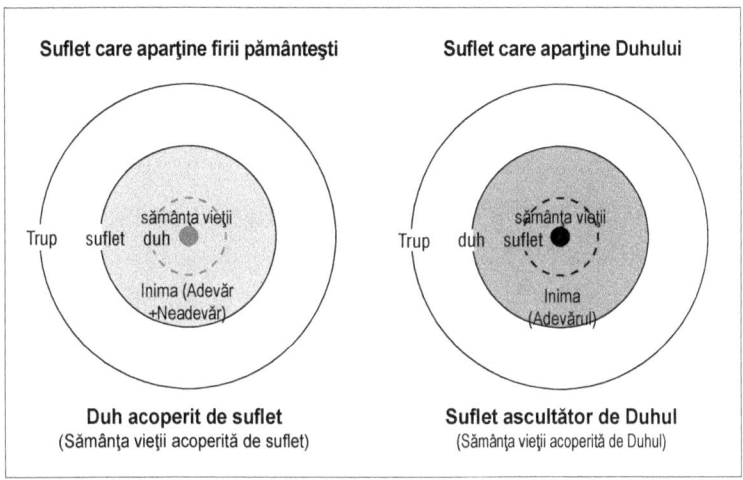

concepţiilor fireşti neadevărate şi astfel nu au putut înţelege nimic spiritual.

Legaliştii de pe vremea lui Isus L-au condamnat pe Isus pentru că a vindecat un bolnav în ziua Sabatului. Dacă vă gândiţi obiectiv puteţi vedea că Isus este un om recunoscut şi iubit de Dumnezeu pentru că El a lucrat cu o putere cu care numai Dumnezeu putea lucra. Însă, aceşti oameni legalişti nu puteau înţelege inima lui Dumnezeu din cauza tradiţiilor bătrânilor şi felului lor de gândire. Isus a încercat să-i ajute să-şi înţeleagă ideile lor greşite şi concepţiile proprii.

Luca 13:15-16 spune: „*«Făţarnicilor», i-a răspuns Domnul; «oare în ziua Sabatului nu-şi dezleagă fiecare din voi boul sau măgarul de la iesle, şi-l duce de-l adapă? Dar femeia aceasta, care este o fiică a lui Avraam, şi pe care Satana o ţinea legată de optsprezece ani, nu trebuia oare să fie dezlegată de legătura aceasta în ziua Sabatului?»"*

Când a rostit aceste vorbe toţi cei care i se împotriveau au fost smeriţi, iar toţi cei prezenţi s-au bucurat de lucrurile minunate pe care le făcea. De fapt, au avut ocazia să-şi dea seama de felul de gândire greşit pe care îl aveau. Isus a încercat să le schimbe modul de gândire pentru că oamenii îşi deschideau inima doar când mentalitatea lor era provocată.

Haideţi să ne uităm la un alt verset, cel din Apocalipsa 3:20, care spune astfel:

Iată Eu stau la uşă, şi bat. Dacă aude cineva glasul meu şi deschide uşa, voi intra la el, voi cina cu el, şi el cu Mine.

În acest verset, „uşa" simbolizează poarta spre gândire, adică „sufletul." Domnul bate la uşa minţii noastre cu Cuvântul Adevărului. Atunci, dacă deschidem uşa gândurilor noastre, adică dacă dăm la o parte ceea ce ţine de sufletul nostru şi primim Cuvântul Domnului, uşa inimii noastre va fi deschisă. În acest fel, când Cuvântul vine în inima noastră, începem să-L trăim. Aceasta înseamnă să „cinăm" cu Domnul. Dacă primim Cuvântul Lui cu „Amin", chiar dacă nu este în concordanţă cu modul nostru de gândire şi cu concepţiile noastre, putem să îndepărtăm operaţiunile neadevărate ale sufletului.

După cum am explicat, pentru ca Evanghelia să ajungă la sămânţa vieţii care înconjoară sufletul omului, prima dată trebuie să deschidem uşa gândirii noastre şi pe urmă uşa inimii noastre. Este ca şi în cazul unui musafir care vizitează o casă. Pentru ca musafirul, care este afară, să-l poată vedea pe proprietar, trebuie să deschidă poarta principală, să ajungă în casă şi apoi să deschidă uşa să intre în camera de zi.

Sunt multe modalităţi de a îndepărta operaţiunile sufletului care ţin de fire. Unor oameni este mai bine să li se ofere explicaţii logice, în timp ce altora este mai bine să li se arate puterea lui Dumnezeu, sau să li se spună pilde sau alegorii bune pentru a-i ajuta să-şi deschidă uşa spre mintea şi inima lor ca să primească Evanghelia. De asemenea, cei care au primit deja Evanghelia trebuie să continue să îndepărteze operaţiunile sufletului izvorâte din neadevăr pe măsură ce cresc în credinţă. Sunt mulţi credincioşi care nu mai cresc în credinţă şi în duh. Aceasta se datorează faptului că nu continuă să mai aibă revelaţii spirituale fiindcă operaţiunile sufletului lor ţin de fire.

Cum se formează memoria

Pentru a avea operaţiuni ale sufletului adecvate trebuie să ştim cum ajunge cunoştinţa primită să rămână ca memorie. Uneori vedem sau auzim ceva, dar mai încolo nu ne mai amintim nimic. Alteori, ne amintim ceva atât de clar că nu uităm acel lucru o vreme îndelungată. Acestă diferenţă se datorează metodei folosite la reţinerea lucrurilor în memorie.

Prima metodă de a primi ceva în memorie este atunci când observăm ceva din întâmplare. Auzim sau vedem ceva, dar nu îi acordăm atenţie. Să presupunem că mergeţi în oraşul natal cu trenul. Observaţi lanurile de grâu şi alte culturi, dar dacă mintea vă este preocupată cu alte lucruri, nu vă mai amintiţi ce aţi văzut din tren odată ce ajungeţi la destinaţie. Dacă studenţi se gândesc la alte lucruri în clasă, nu îşi mai amintesc despre ce a fost vorba la oră.

A doua este memoria temporară. Când vedeţi terenurile de grâu de la geam, puteţi să le povestiţi părinţilor despre ele. Când vedeţi lanul de grâu vă gândiţi la tatăl vostru care cultivă astfel de teren, iar mai târziu vă amintiţi vag ce aţi văzut. De asemenea, elevii dintr-o clasă pot să-şi amintească pentru scurt timp ce a spus profesorul. Îşi pot aminti ce au auzit în clasă, dar vor uita în câteva zile.

A treia este cultivarea memoriei. Dacă sunteţi un fermier, când vedeţi lanurile de grâu şi de alte semănături acordaţi atenţie la ceea ce vedeţi. Vă uitaţi să vedeţi cât de bine sunt îngrijite, cum sunt solarele şi vă gândiţi cum să implementaţi ideile la ferma proprie. Acordaţi atenţie acestor lucruri şi le sădiţi în memorie ca să vi le amintiţi când ajungeţi în oraşul vostru. De asemenea, să presupunem că profesorul spune clasei: „Vom avea un test la sfârşitul orei. Pentru fiecare răspuns greşit voi scădea cinci puncte." Elevii se vor strădui să-şi amintească ce aud la acea clasă.

Astfel lucrurile rămân în memorie ceva mai mult decât cele pe care le-am discutat înainte.

A patra este semănatul în inimă și în minte. Să presupunem că vă uitați la un film trist și vă identificați cu actorul și cu povestea atât de tare încât plângeți mult. În acest caz, povestea va fi semănată nu doar în memorie, ci și în inima voastră, adică este sădită ca sentimente în inimă și ca memorie în celulele din creier. Lucrurile pe care le puneți și în minte și în inimă rămân acolo cu excepția cazului în care celulele creierului sunt afectate. Însă, dacă creierul este afectat, rămâne totuși ceea ce este în inimă.

Dacă un copil mic a fost martor la un accident în care i-a murit mama, acest lucru poate fi foarte traumatizant. În acest caz, scena și durerea pe care a simțit-o vor fi sădite în inima lui. Vor rămâne atât în memoria lui cât și în inimă astfel îi va fi greu să uite. Am discutat patru metode de a memora. Dacă înțelegem aceste lucruri foarte bine, ele ne vor ajuta să controlăm operațiunile sufletului.

Lucrurile pe care vreți să le uitați dar vi le reamintiți mereu

Uneori, ne amintim în mod constant de lucruri de care nu vrem să ne amintim. Oare de ce? Motivul este că acestea sunt sădite atât în creier cât și în inimă împreună cu sentimentele.

Să presupunem că urâţi pe cineva. Indiferent ce credeţi despre persoana aceea, suferiţi din cauza urii pe care o aveţi. În acest caz, trebuie să vă gândiţi prima dată la Cuvântul lui Dumnezeu. El ne spune să îi iubim chiar şi pe duşmani, iar Isus s-a rugat pentru iertarea celor care L-au răstignit. Inima pe care şi-o doreşte Dumnezeu este plină de bunătate şi dragoste, prin urmare trebuie să ne lepădăm de inima de neadevăr dată de duşmanul diavolul şi Satana.

În cele mai multe cazuri, dacă ne uităm la motivul fundamental, ne dăm seama că îi urâm pe alţii pentru lucruri neimportante. Putem vedea motivul pentru care nu împlinim Cuvântului lui Dumnezeu dacă ne cercetăm pe baza capitolul 13 din 1 Corinteni care spune că trebuie să căutăm folosul celorlalţi şi să fim blânzi şi înţelegători. Când ne dăm seama că nu ne purtăm cu neprihănire, răutatea din inima noastră va începe să dispară încetul cu încetul. Dacă simţim şi umblăm în bunătate nu trebuie să suferim din cauza gândurilor rele. Chiar şi atunci când alţii fac ceva ce nu vă place, nu veţi avea ură faţă de ei atâta timp cât vă veţi înarma cu setimente de bunătate, gândindu vă: „Poate că au un motiv întemeiat.”

Trebuie să ştim ce primim odată cu neadevărul

Ce trebuie să facem cu neadevărul pe care l-am acceptat împreună cu sentimentele neadevărate?

Dacă un lucru este sădit în adâncul inimii voastre, vă veți aminti de acel lucru, deși nu vă gândiți la el în mod conștient. În acest caz, trebuie să vă schimbați sentimentele legate de acesta. În loc să încercați să nu vă gândiți la acel lucru, schimbați-vă felul de gândire. De exemplu, puteți să vă schimbați modul în care vă gândiți la o persoană pe care o urâți. Puteți începe să gândiți din perspectiva acelei persoane și să înțelegeți de ce s-a purtat așa în situația în care se află.

De asemenea, puteți lua în considerare părțile sale bune și puteți să vă rugați pentru acea persoană. Pe măsură ce îi veți spune vorbe blânde și încurajatoare, îi veți face mici cadouri și vă veți purta cu dragoste, sentimentele de ură se vor transforma în dragoste. Astfel nu veți mai avea de suferit când vă gândiți la acea persoană.

Înainte să-L primesc pe Domnul, în timp ce am fost pe patul de boală timp de șapte ani, am avut ură față de mulți oameni. Boala mea nu avea leac și îmi pierdusem toate speranțele la viață. Datoriile creșteau iar familia mea era aproape de faliment. Soția mea trebuia să câștige pâinea, iar rudele mele nu ne ajutau pentru că eram o povară pentru ei.

Relațiile bune cu frații mei erau și ele rupte. În acea perioadă, mă gândeam doar la situația dificilă în care mă găseam și aveam resentimente față de ei pentru că mă părăsiseră. Nutream resentimente și față de soția mea care deseori își împacheta lucrurile și pleca, iar cei din familia ei mă răniseră cu vorbe dure. De câte ori îi vedeam cum mă priveau cu dispreț, ura și resentimentele mele faţă de ei creşteau mai mult. Însă, într-o zi toată ura şi ranchiuna au dispărut.

Când L-am acceptat pe Domnul şi am ascultat Cuvântul lui Dumnezeu mi-am conştientizat vina pe care o aveam. Dumnezeu ne spune că trebuie să ne iubim duşmanii şi că El L-a dat pe singurul Său fiu ca jertfă de ispăşire pentru noi. Ce fel de persoană eram dacă aveam resentimente şi răutate? Am început să mă gândesc din perspectiva lor. Să presupunem că aş fi avut o soră care a întâlnit un soţ incompetent. Ea trebuie să muncească din greu să aibă din ce să trăiască. Ce aş crede eu văzând acea situaţie? Când am început să văd lucrurile din perspectiva lor, am putut să-i înţeleg şi mi-am dat seama că eu eram de vină.

Pe măsură ce mi-am schimbat felul de gândire, am început să fiu recunoscător familiei soţiei mele. Uneori ne dădeau orez sau alte lucruri necesare şi eram mulţumitor pentru aceasta. De asemenea, în acea perioadă dificilă, am ajuns să Îl primesc pe Domnul şi să cunosc mai multe despre Cer, aşa că eram recunoscător şi pentru aceasta. Pe măsură ce mi-am schimbam felul de gândire, am devenit recunoscător că m-am îmbolnăvit şi că mi-am întâlnit soţia. Toată ura s-a transformat în dragoste.

Operaţiuni ale sufletului care ţin de neadevăr

Dacă aveţi operaţiuni ale sufletului care ţin de neadevăr, puteţi să vă faceţi rău nu doar vouă dar şi oamenilor din jur. Haideţi să ne uităm la operaţiunile obişnuite ale sufletului care ţin de neadevăr şi pe care le vedem cu uşurinţă în vieţile noastre de zi cu zi.

În primul rând îi înţelegem greşit pe alţii şi ne luptăm cu inabilitatea de a-i accepta şi de a-i înţelege.

Oamenii au gusturi, valori şi concepte diferite. Unora le plac haine cu design unic şi deosebit, în timp ce altora le place un design simplu şi elegant. Chiar dacă se uită la acelaşi film, unii oameni îl consideră interesant iar alţii plicticos.

Datorită acestor diferenţe, fără să ne dăm seama, am ajuns să ne simţim stânjeniţi faţă de alţii care sunt altfel decât noi. O persoană este deschisă şi dezinvoltă şi vorbeşte direct despre ce-i place şi ce îi displace, în timp ce altă persoană nu îşi exprimă sentimentele foarte bine şi îi trebuie mai mult timp să ia o decizie pentru că ia în considerare toate posibilităţile în detaliu. Însă, primul tip de persoană îi consideră pe cei de al doilea tip lenţi sau lipsiţi de agilitate. Pe de altă parte, cei din a doua categorie îi consideră pe cei din prima imprudenţi şi puţin agresivi de aceea doresc să îi evite.

La fel cu exemplul pe care l-am dat anterior, dacă nu-i puteţi înţelege şi accepta pe alţii, atunci aveţi o operaţiune a sufletului care ţine de neadevăr. Dacă alegem doar ce ne place şi dacă credem că doar ceea ce considerăm noi că este bun este bun, atunci nu putem să-i înţelegem pe alţii şi să-i acceptăm.

A doua operaţiune este judecata.

A judeca înseamnă a trage o concluzie despre o persoană, bazată pe felul nostru de gândire şi pe sentimentele noastre. În unele ţări, este nepoliticos să-ţi ştergi nasul la masă. În alte ţări, acesta este un lucru perfect acceptabil. În unele ţări este nepoliticos să laşi mâncare în farfurie, în timp ce în altele este chiar un gest de politeţe să laşi o mică parte.

Un om l-a văzut pe altul mâncând cu mâinile şi l-a întrebat dacă este igienic să mănânce cu mâinile. Acesta i-a răspuns: „mă spăl pe mâini, de aceea ştiu că sunt curate. Nu ştiu cât de curat este cuţitul şi furculiţa aceasta, aşa că este mai igienic să-mi folosesc mâinile." Raportat la aceeaşi situaţie, ceea ce gândim şi simţim este diferit în funcţie de mediul în care am trăit şi de lucrurile pe care le-am învăţat. Prin urmare, să nu judecăm ceea ce e bine şi rău prin standardele umane, care nu sunt adevărate.

Unii judecă crezând că şi alţii fac aceleaşi lucruri ca şi ei. Cei care mint cred că şi alţii fac la fel. Cei care bârfesc cred că şi alţii fac acelaşi lucru.

Să presupunem că vedeţi împreună lângă un hotel un bărbat şi o femeie pe care îi cunoaşteţi foarte bine. Puteţi avea gânduri de judecată cum ar fi: „Precis că au stat la hotel împreună. Cred că se privesc într-un mod anume."

Însă, nu aveţi de unde să ştiţi dacă bărbatul şi femeia au stat de vorbă la cafeneaua din hotel, sau dacă s-au întâlnit din întâmplare pe stradă. Dacă îi judecaţi, îi condamnaţi şi spuneţi aceste lucruri şi altora, le puteţi face o nedreptate, le puteţi aduce un prejudiciu sau o pierdere datorită unui zvon fals.

Datorită judecății puteți primi răspunsuri care nu sunt pertinente. Dacă întrebați pe cineva care de obicei ajunge târziu la serviciu: „La ce oră ai ajuns azi?", probabil că va răspunde „Nu am întârziat azi." L-ați întrebat la ce oră a ajuns dar el a presupus că l-ați judecat și v-a răspuns la o altă întrebare.

În 1 Corinteni 4:5 ni ne spune: „*De aceea să nu judecați nimic înainte de vreme, până va veni Domnul, care va scoate la lumină lucrurile ascunse în întuneric, și va descoperi gândurile inimilor. Atunci, fiecare își va căpăta lauda de la Dumnezeu."*

În lume este multă judecată și condamnare, nu doar la nivel individual, ci și în cadrul familiilor, societăților, în cadrul politic și chiar la nivelul țărilor. Acest lucru rău dă naștere unor conflicte și aduce nefericire. Oamenii trăiesc într-un mediu cu multă judecată, dar nu își dau seama de acest lucru. Desigur, uneori judecățile lor sunt corecte, dar în cele mai multe cazuri nu sunt. Chiar dacă ar fi corecte, a judeca pe altul este un păcat și Dumnezeu ne spune să nu o facem, prin urmare, nu trebuie să judecăm.

A treia operațiune este condamnarea.

Oamenii, datorită felului lor de gândire, nu doar că îi judecă pe alții, dar îi și condamnă. Unii oameni suferă din cauza durerii psihice cauzate de comentariile dușmănoase la adresa lor de pe internet. În viața noastră de zi cu zi vedem de multe ori judecată și condamnare. Dacă o persoană trece pe lângă voi fără să vă

salute, s-ar putea să o condamnați, gândindu-vă că vă ignoră
intenționat. Poate că nu va recunoscut sau a fost prea preocupată
de ceva, în schimb o condamnați.

De aceea, Iacov 4:11-12 ne avertizează:

Nu vă vorbiți de rău unii pe alții, fraților! Cine
vorbeşte de rău pe un frate, sau judecă pe fratele său,
vorbeşte de rău Legea sau judecă Legea. Şi dacă
judeci Legea, nu eşti împlinitor al Legii, ci judecător.
Unul singur este dătătorul şi judecătorul Legii: Acela
care are putere să mântuiască şi să piardă. Dar tu
cine eşti de judeci pe aproapele tău?

Când judecăm sau condamnăm pe alții suntem aroganți, ca şi
cum noi am fi în locul lui Dumnezeu. Oamenii care condamnă
pe alții s-au condamnat deja pe ei. Este o problemă şi mai gravă
să judecăm şi să condamnăm lucrurile spirituale. Unii oameni
judecă şi condamnă lucrările puternice ale lui Dumnezeu, sau
voia lui Dumnezeu în funcție de înțelegerea şi cunoştințele lor.

Dacă cineva spune: „Am fost vindecat de o boală incurabilă
prin rugăciune!", cei cu o inimă bună vor crede acest lucru. Alții
însă vor judeca, spunând: „cum poate cineva să fie vindecat doar
prin rugăciune? Sigur nu a fost diagnosticat corect sau doar
crede că se simte mai bine." Alții îl pot chiar condamna spunând
că minte. Aceşti oameni judecă şi condamnă chiar pasaje din
Biblie cum ar fi despărțirea Mării Roşii, oprirea lunii şi soarelui

110

şi transformarea apei amare în apă dulce, spunând că sunt doar mituri.

Unii oameni spun că ei cred în Dumnezeu, însă judecă şi condamnă lucrările Duhului Sfânt. Dacă cineva spune că i-au fost deschişi ochii spirituali pentru a vedea în lumea spirituală, sau că poate comunica cu Dumnezeu, aceşti oameni spun cu necugetare că acesta este un lucru rău şi că este misticism. Găsim astfel de lucruri consemnate în Biblie, dar ei le judecă prin prisma părerilor proprii.

Pe vremea lui Isus au fost mulţi oameni de genul acesta. Când Isus a vindecat în ziua Sabatului, ei ar fi trebuit să vadă că, prin Isus, se manifesta puterea lui Dumnezeu. Dacă nu ar fi fost voia lui Dumnezeu, astfel de lucrări nu ar fi avut loc prin Isus. Însă, fariseii L-au condamnat şi L-au judecat pe Isus, Fiul lui Dumnezeu, datorită conceptelor şi modului lor de gândire. Dacă judecaţi şi condamnaţi lucrările lui Dumnezeu, chiar dacă o faceţi pentru că nu cunoaşteţi foarte bine adevărul, este un păcat foarte grav. Trebuie să fiţi foarte atenţi pentru că nu veţi avea o şansă să vă pocăiţi dacă vă împotriviţi, Îl vorbiţi de rău şi-L huliţi pe Duhul Sfânt.

A patra operaţiune în neadevăr a sufletului este a da un mesaj fals sau eronat.

Când comunicăm un mesaj, avem tendinţa să includem

propriile noastre sentimente şi gânduri şi, prin urmare, devine distorsionat. Chiar dacă transmitem mesajul exact, semnificaţia acestuia poate fi schimbată prin expresiile faciale şi tonul vocii. De exemplu, dacă strigăm pe cineva cu „Hei", folosirea unui ton prietenos şi plăcut va da o conotaţie complet diferită în comparaţie cu folosirea unui ton aspru şi mânios. Mai mult, dacă nu putem reda exact cuvintele şi folosim cuvintele noastre, semnificaţia originală se schimbă în multe cazuri.

În viaţa noastră de zi cu zi găsim astfel de exemple precum şi exagerări sau prescurtări a ceea ce a fost spus. Uneori, contextul este schimbat complet. „Nu este acest lucru adevărat?" devine „Este adevărat, nu-i aşa?", sau „Planificăm să..." sau „Poate vom..." devine „Se pare că vom...."

Dar, dacă avem inimi curate, nu vom distorsiona lucrurile datorită modului nostru de gândire. Vom putea reda mesajele cu atât mai multă exactitate cu cât ne vom lepăda de răul din inimă şi din caracter, cum ar fi urmărirea interesului personal, lipsa de interes în acurateţe, graba de a judeca şi bârfa. În Ioan 21:18 găsim ce a spus Domnul Isus despre martirajul lui Petru: *„Adevărat, adevărat, îţi spun că, atunci când erai mai tânăr, singur te încingeai şi te duceai unde voiai; dar când vei îmbătrâni, îţi vei întinde mâinile, şi altul te va încinge, şi te va duce unde nu vei voi."*

Apoi, Petru a devenit curios cu privire la Ioan şi a întrebat: *„Doamne, dar cu acesta ce va fi?"* (versetul 21) Isus a răspuns: *„Dacă vreau ca el să rămână până voi veni Eu, ce-ţi pasă ţie? Tu vino după Mine!"* (versetul 22) Cum credeţi că a fost redat acest mesaj celorlalţi ucenici? În Biblie găsim scris că s-a zvonit că acel ucenic nu va muri. Ceea ce Isus a spus a fost că nu era treaba lui Petru ce se va întâmpla cu Ioan chiar dacă acesta ar trăi până la întoarcerea Domnului. Însă, ceea ce ucenicii au spus mai departe a fost eronat pentru că au adăugat şi gândurile lor.

A cincea operaţiune implică sentimentele negative sau resentimentele.

Faptul că avem sentimente rele, fireşti, cum ar fi dezamăgirea, gelozia, orgoliul rănit, mânia şi animozitatea, dă naştere la operaţiuni ale sufletului izvorâte din neadevăr. Chiar dacă auzim toţi acelaşi cuvânt, reacţia noastră este diferită în funcţie de sentimentele noastre.

Să presupunem că un şef dintr-o companie îi spune unui anjagat: „Nu poţi să faci o treabă mai bună?" arătându-i o greşeală. În această situaţie, unii oameni primesc remarca cu smerenie şi spun: „Da, o să încerc să fac mai bine data viitoare." Alţii, care s-au plâns de acel şef, s-ar putea să aibă resentimente. Ei ar putea să gândească: „De ce trebuie să vorbească aşa de urât?" sau „De ce nu se uită şi la el? Nici el nu-şi face treaba ca lumea." Să spunem însă că şeful vă sfătuieşte astfel: „Cred că este mai bine dacă corectezi partea asta aşa." Unii dintre voi acceptaţi sfatul şi spuneţi: „Este şi asta o idee bună. Mulţumesc pentru sfat." Însă, alţi oameni se simt stânjeniţi în această situaţie şi orgoliul lor este rănit. Datorită sentimentelor negative, se plâng uneori și spun: „Am făcut tot ce a ținut de mine ca acest lucru să iasă cât s-a putut de bine, cum poate să vorbească cu atâta ușurință? Dacă este atât de capabil, de ce nu face el acest lucru?"

În Biblie, citim despre Isus cum îl mustră pe Petru (Matei 16:23). Când a sosit momentul ca Isus să poarte crucea, El le-a spus ucenicilor ce se va întâmpla. Petru nu dorea ca stăpânul său să sufere atât de mult așa că a spus: „*Să Te ferească Dumnezeu, Doamne! Să nu Ți se întâmple așa ceva!*" (versetul 22)

În acel moment, Isus nu a încercat să-l mângâie, spunând: „Știu ce simți și îți sunt recunoscător pentru aceasta, dar va trebui să fac acest lucru." În schimb, l-a mustrat, spunând: „*Înapoia Mea, Satano: tu ești o piatră de poticnire pentru Mine! Căci gândurile tale nu sunt gândurile lui Dumnezeu, ci gânduri de ale oamenilor*" (versetul 23).

Calea spre mântuire pentru păcătoși putea fi deschisă doar dacă Isus suferea pe cruce. Dacă acest lucru ar fi fost oprit, era ca și cum ar fi fost oprită voia lui Dumnezeu. Petru nu a avut resentimente sau motiv să se plângă față de Isus pentru că el a crezut că tot ce spunea Isus avea o anumită semnificație. Cu o astfel de inimă bună, Petru a devenit mai târziu un apostol prin care s-a văzut puterea minunată a lui Dumnezeu.

Ce s-a întâmplat însă cu Iuda Iscarioteanul? În Matei 26, Maria din Betania a turnat peste Isus un vas cu parfum foarte scump. Iuda a crezut că este o risipă. El a spus: „*Mirul acesta s-ar fi putut vinde foarte scump, și banii să se dea săracilor*" (versetul 9). În realitate, el vroia să fure banii.

Aici, Isus a lăudat gestul Mariei care a fost după voia lui Dumnezeu în scopul de a-L pregăti pe Isus pentru înmormântare. Însă, Iuda avea resentimente și nemulțumiri față de Isus pentru că El nu a luat în considerare ce i-a spus. În final, a făcut un păcat atât de mare fiindcă a plănuit să-L trădeze și să L vândă pe Isus.

Azi, mulți oameni au operațiuni ale sufletului care nu sunt în adevăr. Dar, chiar dacă vedem ceva, nu vom avea nicio operațiune a sufletului atâta timp cât nu avem sentimente față de acel lucru. Când vedem ceva, trebuie să rămână doar la nivelul de observație. Nu trebuie să ne lăsăm gândurile să judece sau să condamne pentru că acest lucru este păcat. Pentru a rămâne în adevăr, este mai bine să nu vedem și să nu auzim nimic ce nu este adevărat. Însă, chiar dacă intrăm în contact cu ceva ce este neadevărat, putem rămâne în bunătate dacă gândurile și simțirile ne sunt însoțite de bunătate.

3. Întunericul

Satana are aceeaşi putere a întunericului pe care o are Lucifer şi îndeamnă oamenii să aibă gânduri şi inimi necurate şi să păcătuiască.

Duhurile necurate ne determină să avem operaţiuni ale sufletului care ţin de neadevăr. Lumea duhurilor necurate a fost lăsată să existe de Dumnezeu pentru a duce la îndeplinire cultivarea umană. Ele au autoritate în văzduh pe toată perioada cultivării umane. În Efeseni 2:2 citim: „...*în care trăiaţi odinioară, după mersul lumii acesteia, după domnul puterii văzduhului, a duhului care lucrează acum în fiii neascultării.*"

Dumnezeu le-a permis să controleze lumea întunericului până când va duce la bun sfârşit cultivarea umană.

Aceste duhuri rele, care aparţin de întuneric, înşeală oamenii făcându-i să păcătuiască şi să se împotrivească lui Dumnezeu. Ele au o ierarhie bine determinată. Lucifer, căpetenia, controlează întunericul, dă ordine şi stăpâneşte peste duhurile rele subordonate. Mai sunt şi alte fiinţe care îl ajută pe Lucifer, cum ar fi balaurii care au putere şi îngerii lor (Apocalipsa 12:7) şi Satana, diavolul şi demonii.

Lucifer, căpetenia lumii întunericului

Lucifer a fost un arhanghel care L-a lăudat pe Dumnezeu

cu o voce minunată şi cu instrumente muzicale. Această fiinţă s-a bucurat de o pozitie înaltă, de autoritate şi de dragostea lui Dumnezeu pentru o perioadă foarte îndelungată, până când a devenit arogantă şi L-a trădat pe Dumnezeu. De atunci încolo, înfăţişarea sa frumoasă a devenit hidoasă.

Pe cât s-a slăvit pe sine însăşi, şi s-a desfătat în risipă, pe atât daţi-i chin şi tânguire! Pentru că zice în inima ei: *„Şed ca împărăteasă, nu sunt văduvă, şi nu voi şti ce este tânguirea!"* (Apocalipsa 18:7) *Pentru că judecăţile Lui sunt adevărate şi drepte. El a judecat pe curva cea mare, care strica pământul cu curvia ei, şi a răzbunat sângele robilor Săi, din mâna ei* (Apocalipsa 19:2).

În versetele de mai sus, „curva cea mare" şi „împărăteasa" se referă la Lucifer, prin urmare, are caracteristici feminine. Aceasta nu înseamnă că este femeie în sens biologic, ci doar în ce priveşte aspectul, emoţiile, acţiunile şi modul de vorbire.

Unii oameni cred că Lucifer are trăsături bărbăteşti conform textului din Isaia 14:12, care spune: *„Cum ai căzut din cer, Luceafăr strălucitor, fiu al zorilor! Cum ai fost doborât la pământ, tu, biruitorul neamurilor!"* Aici, cuvântul „fiu" nu denotă faptul că Lucifer este om. Dumnezeu nu l-a numit niciodată pe un înger fiu (Evrei 1:5). Chiar dacă cineva nu este copilul nostru natural, dacă persoana respectivă slujeşte cu multă dăruire, iubeşte şi lucrează cu credicioşie, o tratăm ca pe propriul nostru copil. În acest fel ar trebui să înţelegem sensul cuvântul "fiu" din acest pasaj.

Azi, fără să îşi dea seama, sunt oameni care se aseamănă cu Lucifer în ceea ce priveşte coafura şi machiajul. Lucifer controlează minţile şi gândurile oamenilor cum doreşte prin modă şi tendinţele din lume. În mod deosebit, la ora actuală are o mare influenţă asupra muzicii din lume. De asemenea, această fiinţă îndeamnă oamenii la păcat şi la nelegiuire prin tot felul de mijloace moderne, inclusiv calculatoarele personale. Îndeamnă conducătorii răi să se ridice împotriva lui Dumnezeu. Unele ţări persecută creştinismul în mod oficial. Toate acestea sunt făcute prin influenţa şi provocările lui Lucifer.

Mai mult, Lucifer ispiteşte oamenii prin tot felul de forme de vrăjitorie şi magie şi îi ademeneşte pe şamani sau vrăjitori să i se închine. Încearcă din toate puterile să conducă măcar încă un suflet în iad şi să determine oamenii să se împotrivească lui Dumnezeu.

Balaurii şi îngerii lor

Balaurii au rolul de conducători ai duhurilor necurate care sunt sub Lucifer. Oamenii cred că balaurii sunt animale imaginare, însă ei există în lumea duhurilor necurate doar că sunt invizibili pentru că sunt fiinţe spirituale. Conform celor mai multe descrieri despre balauri, ei au coarne ca şi căprioarele, ochi de demoni şi urechi de bovine. Pe piele au solzi şi au patru picioare. Arată ca un fel de reptile gigantice.

Balaurii de pe vremea creaţiei aveau pene lungi, mari şi frumoase şi stăteau în jurul scaunului de domnie al lui Dumnezeu. Erau iubiţi de El ca şi animalele de companie şi Îi stăteau în apropiere. Deţineau putere şi autoritate mare şi aveau numeroşi heruvimi în subordinea lor. Însă, când L-au trădat pe Dumnezeu împreună cu Lucifer, îngerii lor au devenit corupţi şi s-au ridicat şi ei împotriva lui Dumnezeu. Aceşti îngeri ai balaurilor au acum şi ei o înfăţişare hidoasă ca a animalelor. Împreună cu balaurii, au putere în văzduh şi îndeamnă oamenii la rău şi la păcate.

Desigur, Lucifer este conducătorul lumii duhurilor rele, dar în sens practic le-a dat autoritatea balaurilor şi îngerilor lor să lupte împotriva fiinţelor spirituale care aparţin lui Dumnezeu şi să domnească în văzduh. Încă de demult, balaurii au îndemnat oamenii să facă sau să cioplească chipuri care să semene cu balaurii ca să li se închine. Azi, unele religii idolatrizează şi se închină balaurilor, astfel că aceşti oameni sunt controlaţi de balauri.

Apocalipsa 12:7-9 vorbeşte despre balauri şi îngerii lor:

Şi în cer s-a făcut un război. Mihail şi îngerii lui s-au luptat cu balaurul. Şi balaurul cu îngerii lui s-au luptat şi ei, dar n-au putut birui; şi locul lor nu li s-a mai găsit în cer. Și balaurul cel mare, șarpele cel vechi, numit Diavolul și Satana, acela care înșeală întreaga lume, a fost aruncat pe pământ; și împreună cu el au fost aruncați și îngerii lui.

Balaurii instigă oamenii răi cu ajutorul îngerilor lor. Acești oameni nu se dau înapoi nici de la comiterea unor fapte odioase cum ar fi crima sau traficul de persoane. Îngerii balaurilor au forma unor animale care sunt menționate în cartea Leviticul ca necurate. Răul ia diferite forme în funcție de felul animalului pentru că fiecare animal are particularități diferite cum ar fi atrocitate, viclenie, murdărie și promiscuitate.

Lucifer lucrează prin balauri, iar îngerii balaurilor lucrează după ordinele primite de la aceștia. Dacă facem o analogie cu o țară, Lucifer este ca un rege, iar balaurii ca primul ministru sau comandantul general al armatei care are control administrativ asupra miniștrilor și soldaților. Când balaurii sunt în acțiune, ei nu primesc de fiecare dată un ordin direct de la Lucifer deoarece el a plantat gândurile lui în mintea lor, astfel încât dacă balaurii fac ceva este automat în concordanță cu dorințele lui Lucifer.

Satana are inima și puterea lui Lucifer

Duhurile rele pot influența oamenii în măsura în care inimile lor sunt pline de întuneric, dar demonii sau diavolul nu sunt primii care stârnesc oamenii la rău. La început, Satana este cel care lucrează asupra oamenilor, pe urmă diavolul, iar în final demonii. Mai simplu, Satana are inima lui Lucifer. Nu are o formă substanţială încă, ci doar lucrează prin gândurile oamenilor. Satana are puterea întunericului pe care o are Lucifer şi îi face pe oameni să aibă gânduri rele şi o minte pornită spre lucruri păcătoase.

Din moment ce este o fiinţă spirituală (Iov 1:6-7), Satana lucrează în diverse moduri după caracteristicile întunericului pe care îl are persoana. La cei care mint, lucrează ca duh de amăgire (1 Împăraţi 22:21-23). La cei cărora le place să facă dezbinare şi fac ca unii să se ridice împotriva altora lucrează ca un astfel de duh (1 Ioan 4:6). La cei cărora le plac faptele murdare ale firii, lucrează ca un duh necurat (Apocalipsa 18:2).

După cum am mai spus, Lucifer, balaurii şi Satana au roluri şi forme diferite, dar sunt uniţi în scop şi putere să facă rău. Haideţi să vedem cum lucrează Satana asupra oamenilor.

Satana este ca o undă de radio care se propagă în văzduh. Îşi răspândeşte constant gândurile şi puterea în văzduh. După cum o undă radio poate fi recepţionată de o antenă setată să o prindă, tot astfel mintea şi gândurile Satanei, precum şi puterea întunericului pe care o deţine, pot fi primite de cei gata să le accepte. Antena aici este neadevărul, adică întunericul care se află în inima oamenilor.

De exemplu, ura din inimă poate funcţiona ca o antenă care primeşte semnalul radio al urii propagate în văzduh de Satana. Prin gândurile pe care le insuflă oamenilor, Satana pune puterea întunericului în ei atunci când unda radio a întunericului creată de el şi neadevărul din inima oamenilor au aceeaşi frecvenţă şi se întâlnesc. Astfel, inima plină de neadevăr se va întări şi va deveni activă. Când are loc acest lucru spunem despre cineva că primeşte lucrările lui Satana, sau că aude vocea lui Satana.

Când oamenii aud astfel vocea lui Satana, păcătuiesc în gândurile lor, iar mai târziu vor păcătui cu fapta. Când naturi păcătoase cum ar fi ura sau invidia primesc lucrările lui Satana, vor dori să facă rău altora, iar dacă lucrurile continuă aşa, oamenii aceştia pot ajunge chiar să facă păcate cum ar fi crima.

Satana lucrează prin intermediul gândurilor

Oamenii au atât o inimă de adevăr cât şi de neadevăr. Când Îl primim pe Isus şi devenim copii ai lui Dumnezeu, Duhul Sfânt vine în inima noastră şi ne atinge inima de adevăr. Aceasta înseamnă că auzim vocea Duhului Sfânt din inima noastră. Spre deosebire, Satana lucrează din afară şi are nevoie de o cale prin care să penetreze inimile oamenilor. Această cale este prin gândurile oamenilor.

Oamenii acceptă ceea ce văd, ce aud şi ce învaţă împreună cu ceea ce simt şi păstrează toate aceste lucruri în minte şi în inimă. În situaţia sau în circumstanţele propice, lucrurile păstrate în memorie vor ieşi la suprafaţă. Acestea sunt gândurile. Ele sunt diferite în funcţie de sentimentele pe care le-aţi avut când aţi pus ceva în memorie. Chiar dacă trec prin aceeaşi situaţie, unii oameni păstrează lucrurile în conformitate cu adevărul şi au gânduri potrivite cu adevărul, în timp ce alţii păstrează lucrurile în memorie potrivit cu neadevărul şi astfel vor avea gânduri de neadevăr.

Cei mai mulţi oameni nu sunt învăţaţi adevărul care este Cuvântul lui Dumnezeu, de aceea au mai mult neadevăr decât adevăr în inimile lor. Satana îi motivează şi îi provoacă pe aceşti oameni să aibă gânduri de neadevăr. Acestea sunt cunoscute ca „gânduri fireşti." Pe măsură ce oamenii primesc lucrările lui Satana, ei nu pot asculta legea lui Dumnezeu. Sunt duşi în robia păcatului şi în final ajung la moarte (Romani 6:16, 8:6-7).

Cum ajunge Satana să controleze inimile oamenilor?

În general, Satana lucrează din afară prin intermediul gândurilor oamenilor, dar sunt şi excepţii. De exemplu, Biblia spune că Satana a intrat în Iuda Iscarioteanul, unul dintre cei doisprezece ucenici ai Domnului Isus. Aici, faptul că a „intrat în el" înseamnă că Iuda a acceptat lucrările lui în mod continuu, iar în final i-a dat inima complet lui Satana. În acest fel, a fost subjugat complet de Satana.

Iuda Iscarioteanul a experimentat puterea uimitoare a lui Dumnezeu şi, în timp ce L-a urmat pe Isus, a fost învăţat cu bunătate, însă fiindcă nu s-a lepădat de lăcomie, a continuat să fure bani din pungă (Ioan 12:6).

Era lacom şi în privinţa dorinţei sale de a primi onoare şi putere când Mesia, Isus, va fi luat tronul pe pământ. Însă, lucrurile au decurs altfel decât s-a aşteptat, aşa că şi-a lăsat gândurile în voia lui Satana. În final, inima i-a fost acaparată de acesta şi şi-a vândut stăpânul pentru treizeci de arginţi. Spunem că Satana a intrat în cineva atunci când are control deplin asupra inimii acelei persoane.

În Faptele Apostolilor 5:3 Petru spune că inimile lui Anania şi Safira au fost umplute de Satana pentru că au ascuns o parte din banii primiţi de la vânzarea moşioarei şi au minţit pe Duhul Sfânt.

Petru a spus aceste lucruri pentru că au mai fost astfel de situaţii înainte. Prin urmare, expresiile „Satana a intrat" sau „umplut de Satana" se referă la faptul că persoanele respective îl au pe Satana în inimă şi devin ca el. Privit cu ochi spirituali, Satana arată ca o ceaţă închisă la culoare. Oamenii care primesc lucrările lui Satana într-o măsură mai mare sunt înconjuraţi de energia întunericului, care este ca un fum întunecat. Pentru a nu primi lucrările lui Satana trebuie să îndepărtăm gândurile de neadevăr. Mai mult, trebuie să ne lepădăm de inima de neadevăr din noi. Aceasta înseamnă, de fapt, că trebuie să îndepărtăm antena care poate primi „semnalele radio" de la Satana.

Diavolul şi demonii

Diavolul se referă la o porţiune din îngerii care au căzut împreună cu Lucifer. Spre deosebire de Satana, ei au forme anume. Au o figură întunecată cu faţă, ochi, nas, urechi şi gură ca îngerii. De asemenea, au mâini şi picioare. Diavolul îndeamnă oamenii să păcătuiască şi le aduce diferite încercări şi necazuri. Aceasta nu înseamnă că diavolul intră în oameni. Cu instrucţiunile primite de la Satana, diavolul controlează oamenii care şi-au dat inimile întunericului şi îi determină să facă fapte rele care nu sunt acceptabile. Uneori, însă, diavolul controlează direct anumiţi oameni ca pe nişte instrumente. Cei care şi-au vândut sufletul diavolului, cum ar fi vrăjitorii sau magicienii, sunt controlaţi de diavol şi se poartă ca instrumente ale diavolului. Ei îi influenţează şi pe alţii să facă lucruri de-ale diavolului. Prin urmare, Biblia spune că cei care păcătuiesc aparţin diavolului (Ioan 8:44; 1 Ioan 3:8).

În Ioan 6:70 citim că „*Isus le-a răspuns: «Nu v-am ales Eu pe voi cei doisprezece? Şi totuşi unul din voi este un drac.»*" Isus vorbea despre Iuda Iscarioteanul care urma să-L vândă pe Isus. O astfel de persoană care a devenit rob al păcatului şi care nu are nimic de-a face cu mântuirea este un fiu al diavolului. Când Satana a intrat în Iuda şi i-a controlat inima, el a făcut faptele diavolului, adică L a vândut pe Isus. Diavolul este ca un manager de nivel mediu care primeşte instrucţiuni de la Satana, are sub controlul lui mulţi demoni şi cauzează multe boli şi dureri oamenilor făcându-i să cadă din ce în ce mai mult în păcat.

Satana, diavolul şi demonii sunt organizaţi într-o ierarhie. Ei lucrează foarte strâns împreună. La început Satana foloseşte gânduri de neadevăr pentru a deschide calea ca diavolul să poată opera. Apoi, diavolul începe să lucreze în oameni ca să-i determine să facă lucrările firii şi ale diavolului. Satana lucrează la nivelul gândurilor, iar diavolul este cel care îi face pe oameni să le pună în practică. Mai mult, când faptele păcătoase depășesc o anumită limită, demonii intră în astfel de oameni, iar odată intrați, oamenii respectivi își pierd voința liberă și devin ca niște marionete ale demonilor.

Biblia sugerează că demonii sunt duhuri rele, dar ei sunt diferiți de îngerii căzuți sau de Lucifer (Psalm 106:28; Isaia 8:19; Faptele Apostolilor 16:16-19; 1 Corinteni 10:20). Demonii au fost odată ființe umane care aveau duh, suflet și trup. Unii oameni care trăiesc pe pământ și mor fără să fie mântuiți revin pe pământ în anumite condiții deosebite și sunt demoni. Cei mai mulți oameni nu au un concept clar despre lumea duhurilor necurate, însă ele încearcă să ducă pe calea pierzării pe cât de mulți oameni posibil până în ultima zi, care este hotărâtă de Dumnezeu.

De aceea, 1 Petru 5:8 ne îndeamnă: *„Fiți treji, și vegheați! Pentru că potrivnicul vostru, diavolul, dă târcoale ca un leu care răcnește, și caută pe cine să înghită"*, iar Efeseni 6:12 ne spune: *„Căci noi n avem de luptat împotriva cărnii și sângelui, ci împotriva căpeteniilor, împotriva domniilor, împotriva stăpânitorilor întunericului acestui veac, împotriva duhurilor răutății care sunt în locurile cerești."*

Trebuie să fim treji și să veghem tot timpul pentru că, dacă trăim după cum ne îndeamnă puterea întunericului, nu vom putea decât să ajungem pe calea morții.

Capitolul 2
Eul Propriu

Neprihănirea de sine se formează când învăţăm adevărul împreună cu neadevărul. Pe măsură ce se conturează neprihănirea de sine, se crează şi un mod de gândire. Astfel, acest mod de gândire care se formează este solidificarea sistematică a neprihănirii de sine..

- Până când se formează „eul" cuiva

- Neprihănirea de sine şi moduri de gândire

- Cum putem avea operaţiuni ale sufletului care ţin de adevăr

- Mor zilnic

Într-o vreme, înainte să-L fi primit pe Domnul, mă luptam cu boala în fiecare zi, iar singura plăcere pe care o aveam era să citesc romane despre arte marțiale. Aceste narațiuni sunt de cele mai multe ori despre răzbunare.

Acțiunea se desfășoară de obicei cam așa: când este copil mic, părinții eroului sunt omorâți de un dușman. El abia scapă cu ajutorul unui servitor din casă, iar în copilărie întâlnește un maestru de arte marțiale. Devine un maestru de arte marțiale și se răzbună pe dușman pentru că i-a omorât părinții. Aceste romane spun că este drept și că este un act de eroism să te răzbuni chiar cu riscul vieții. În Biblie însă învățătura lui Isus este atât de diferită de acest fel de învățătură lumească.

Isus ne învață în Matei 5:43-45: *"Ați auzit că s-a zis: «Să iubești pe aproapele tău, și să urăști pe vrăjmașul tău.» Dar Eu vă spun: Iubiți pe vrăjmașii voștri, binecuvântați pe cei ce vă blestemă, faceți bine celor ce vă urăsc, și rugați-vă pentru cei ce vă asupresc și vă prigonesc, ca să fiți fii ai Tatălui vostru care este în ceruri; căci El face să răsară soarele Său peste cei răi și peste cei buni, și dă ploaie peste cei drepți și peste cei nedrepți."*

Viaţa pe care am trăit-o a fost una bună şi onestă. Cei mai mulţi oameni ar fi spus că eram un tip de persoană care nu avea „nevoie de lege." Cu toate acestea, după ce L-am primit pe Domnul şi m am analizat prin Cuvântul lui Dumnezeu pe care l-am auzit într-o întâlnire de trezire spirituală, mi-am dat seama că felul meu de viaţă avea multe lucruri greşite. Mi-a fost ruşine de mine când mi-am dat seama că limbajul pe care îl foloseam, comportamentul, gândurile, chiar şi conştiinţa mea erau rele. M-am pocăit din toată inima înaintea lui Dumnezeu pentru că mi am dat seama că am trăit o viaţă care nu era neprihănită.

De atunci, am încercat să-mi conştientizez neprihănirea proprie şi modurile mele de gândire şi să le dau la o parte. M-am lepădat de „sinele" meu şi l-am considerat ca nimic. Prin citirea Bibliei mi am redefinit „sinele" pe baza adevărului. M-am rugat şi am postit neîncetat ca să mă pot lepăda de neadevăruri din inima mea. Ca rezultat am putut simţi că răul din mine începea să se îndepărteze şi am început să aud vocea Duhului Sfânt şi să primesc călăuzirea Lui.

Până când se formează „eul" cuiva

Cum îşi stabilesc oamenii valorile şi cum li se fomează inima? În primul rând sunt lucrurile moştenite. Copiii seamănă cu părinţii lor. Ei moştenesc trăsăturile fizice, obiceiurile, personalitatea şi alte caracteristici genetice de la părinţii lor. În Coreea, se spune că primim „sângele părinţilor." În realitate, nu este sângele părinţilor, ci energia de viaţă, sau „chi." „Chi" este cristaloidul cu toată energia care vine din tot trupul. Cunosc o familie în care fiul are un semn de naştere deasupra buzelor. Mama lui a avut şi ea un astfel de semn în acelaşi loc, dar a avut o operaţie ca să-l îndepărteze. Chiar dacă l-a îndepărtat, semnul a fost moştenit de fiul ei.

Sperma şi ovulele fiinţelor umane conţin energia vieţii. În ele este înglobată nu doar înfăţişarea exterioară, ci şi personalitatea, temperamentul, inteligenţa şi obiceiurile. Dacă chi-ul tatălui este mai puternic în momentul concepţiei, copilul va semăna mai mult cu tatăl. Dacă chi-ul mamei este mai puternic, copilul va semăna mai mult cu mama. Asta face ca fiecare copil să aibă o inimă diferită.

De asemenea, pe măsură ce o persoană creşte şi se maturizează, învaţă multe lucruri care devin parte din terenul inimii. Începând cu vârsta de cinci ani, oamenii încep să-şi dezvolte eul prin lucruri pe care le văd, le aud şi le învaţă. În jurul vârstei de doisprezece ani, îşi formează valorile pentru standardele de judecată, iar în jurul vârstei de optsprezece ani, eul cuiva devine mult mai bine conturat. Problema este că noi considerăm multe lucruri care sunt rele ca şi cum ar fi adevărate şi ni le amintim ca fiind adevărate.

Sunt multe lucruri neadevărate pe care le învăţăm în această lume. Desigur, la şcoală învăţăm multe lucruri care sunt folositoare şi necesare pentru vieţile noastre, dar sunt alte lucruri pe care le învăţăm care nu sunt adevărate, cum ar fi teoria evoluționistă a lui Darwin. La fel, și părinții când își învață copiii, le spun lucruri neadevărate ca și cum ar fi adevărate. Să presupunem că un copil a fost afară și a fost bătut de unul sau mai mulți copii. Frustrați, părinții pot spune ceva de genul: „Tu mănânci de trei ori pe zi ca și ceilalți copii, ar trebui să fii puternic, de ce te-ai lăsat bătut? Dacă te lovesc o dată, tu lovește-i de două ori! Nu ai și tu mâini și picioare ca și ceilalți copii? Trebuie să înveți să te aperi."

Copiii sunt tratați în acest mod exigent dacă sunt bătuți de prietenii lor. Cum se va dezvolta conștiința acestor copii? Este foarte probabil că se vor simți ca niște prostănaci dacă sunt loviți și vor crede că este greșit să îi lase pe alții să îi lovească. Dacă cineva îi lovește o dată ei vor crede că au dreptul să lovească de două ori. Cu alte cuvinte, au acceptat ceva rău crezând că este un lucru bun.

Cum își educă copiii părinții care urmează adevărul? Ei analizează situația și își învață copiii cu bunătate și adevăr ca ei să aibă pace, spunând ceva de genul: „Dragă, poți să încerci să-i înțelegi? Vezi dacă nu ai făcut și tu ceva rău. Dumnezeu ne spune să biruim răul prin bine."

Dacă învață ce spune Cuvântul lui Dumnezeu în fiecare situație, copiii pot să-și dezvolte o conștiință bună. Însă, în cele mai multe cazuri, părinții își învață copiii multe lucruri neadevărate și minciuni. Când părinții mint, copiii mint și ei. Să presupunem că sună telefonul și fiica răspunde. Acoperă receptorul cu mâna, ca persoana care a sunat să nu audă și spune:

„Tată, unchiul Tom vrea să vorbească cu tine." Tatăl îi spune fetei: „Spune-i că nu sunt acasă."

Fiica verifică prima dată cu tatăl înainte de a-i da telefonul pentru că astfel de incidente s-au întâmplat de multe ori în trecut. De-a lungul vieţii, oamenii învaţă multe lucruri neadevărate şi, pe deasupra, adună aceste lucruri neadevărate pentru că judecă şi condamnă prin sentimentele lor. În acest fel se formează conştiinţa încărcată de neadevăr.

În plus, celor mai mulţi oameni le pasă doar de ei înşişi. Îşi caută doar foloasele proprii şi cred că au dreptate. Dacă intenţiile sau ideile altor oameni nu sunt în concordanţa cu ideile lor, cred că ceilalţi nu au dreptate. Însă şi alţi oameni gândesc la fel şi este greu să se ajungă la o înţelegere dacă toţi sunt aşa. La fel stau lucrurile şi între oamenii apropiaţi, cum ar fi soţii şi soţiile, sau părinţii şi copiii. Cei mai mulţi îşi formează eul în acest fel, prin urmare, nimeni nu ar trebui să insiste că el sau ea are dreptate.

Neprihănirea proprie şi moduri de gândire

Mulţi oameni îşi formează standardul de judecată şi sistemul de valori prin operaţiuni ale sufletului care ţin de neadevăr. Prin urmare, trăirea lor se bazează pe neprihănirea proprie şi pe sistemul lor de gândire. Mai mult, această neprihănire de sine se formează cu neadevăruri pe care le acceptă din lume şi pe care le consideră ca adevărate. Cei care se bazează pe o astfel de neprihănire proprie, nu consideră doar că au dreptate pe baza standardelor lor, dar şi vor încerca să-şi impună opiniile şi ceea ce cred asupra celorlalţi.

Când neprinănirea de sine este bine conturată, aceasta devine un mod de gândire. Cu alte cuvinte, modul de gândire este o structură formată sistematic prin conturarea neprihănirii de sine. Aceste moduri de gândire se bazează pe personalitatea, gusturile, obiceiurile, teoriile şi gândirea unei persoane. Într-o situaţie în care sunt bune două opţiuni, dacă insistaţi doar pe una din ele şi acest punct de vedere se înrădăcinează, el devine modul vostru de gândire. În timp, se dezvoltă o tendinţă de a fi mai curtenitor faţă de cei care au priorităţi, personalităţi sau preferinţe similare, dar şi o tendinţă de a fi mai puţin tolerant faţă de cei care nu sunt de acord cu voi. Acestea se datorează modului de gândire.

Modul de gândire se manifestă în diferite feluri în vieţile noastre de zi cu zi. Un cuplu proaspăt căsătorit poate avea certuri pentru lucruri neînsemnate. Soţul crede că trebuie să apese tubul de pastă de dinţi de la capătul de jos, în timp ce soţia îl strânge la întâmplare. Dacă fiecare insistă pe felul în care el sau ea face lucrurile în această situaţie, vor ajunge la conflict. Acest conflict ia naştere datorită modului lor de gândire diferit referitor la felul în care sunt obişnuiţi să facă lucrurile.

Să presupunem că un angajat al unei companii lucrează de unul singur, fără a avea ajutorul nimănui. Unii dintre aceşti oameni au obiceiul de a lucra singuri pentru că au crescut într-un mediu dificil în care au trebuit să se descurce singuri. Nu este pentru că sunt aroganţi. Prin urmare, dacă judecaţi un astfel de om şi consideraţi că este arogant sau egoist, judecata este nedreaptă.

În cele mai mult cazuri, dacă ne uităm prin prisma adevărului, atât neprihănirea proprie cât şi modul de gândire personal sunt greşite. Aceast lucru se datorează inimii de neadevăr care îşi caută foloasele proprii şi nu caută să slujească pe alţii. Chiar şi credincioşii au o neprihănire proprie şi un mod de gândire de care nu sunt conştienţi.

Ei cred că ascultă de Cuvântul lui Dumnezeu, că s-au lepădat de păcate într-o anumită măsură şi că ştiu adevărul. Cu aceste cunoştinţe ei îşi arată neprihănirea de sine. Judecă pe alţii vizavi de cum îşi trăiesc viaţa de credinţă. De asemenea, se compară cu alţii şi se cred mai buni. Cândva au văzut doar părţile bune la alţii, dar mai târziu au început să se schimbe şi acum văd doar greşelile. Sunt axaţi doar pe părerile lor, dar spun că o fac „pentru Împărăţia lui Dumnezeu."

Unii oameni vorbesc de parcă ar şti totul şi ar fi neprihăniţi. Ei vorbesc întotdeauna de greşelile altora şi îi judecă. Aceasta înseamnă că nu pot să-şi vadă propriile lor greşeli ci doar ale altora.

Înainte de a fi schimbaţi de adevăr, cu toţi avem o neprihănire de sine şi un mod de gândire personal. În măsura în care avem rău în inimă vom avea operaţiuni ale sufletului care ţin de neadevăr în loc de adevăr. Ca rezultat, judecăm şi condamnăm pe alţii prin prisma neprihănirii proprii şi a modului nostru de gândire.

Dacă vrem să creștem spiritual trebuie să considerăm gândurile și teoriile noastre ca și cum ar fi nimic. Trebuie să dăm la o parte neprihănirea de sine și modul nostru de gândire și trebuie să avem operațiuni ale sufletului care țin de adevăr.

Cum putem avea operațiuni ale sufletului care țin de adevăr

Putem crește spiritual și putem să devenim copii adevărați ai lui Dumnezeu când schimbăm operațiunile sufletului care țin de neadevăr în cele care țin de adevăr. Ce trebuie să facem pentru a avea operațiuni ale sufletului care țin de adevăr?

În primul rând, trebuie să discernem și să deosebim toate lucrurile prin standardul adevărului.

Oamenii au conștiințe diferite, iar standardele lumești depind și ele de vremuri, loc și cultură. Chiar dacă te porți cum trebuie, alții pot să vadă altfel lucrurile pentru că au diferite valori.

Oamenii își formează valorile și obiceiurile pe care le consideră acceptabile în diferite medii și culturi, prin urmare nu trebuie să judecăm pe nimeni prin propriile noastre standarde. Singurul standard absolut prin care putem discerne binele de rău și adevărul de neadevăr este Cuvântul lui Dumnezeu, care este adevărul Însuși.

Printre lucrurile pe care oamenii din lume le consideră bune şi drepte, unele sunt în concordanţa cu Biblia, dar altele nu sunt. Să presupunem că un prieten de-al vostru a comis o crimă şi altă persoană a fost acuzată pe nedrept. În acest caz, majoritatea oamenilor consideră că este admisibil să nu dea în vileag vina prietenului. Însă, dacă tăceţi, ştiind de nevinovăţia persoanei acuzate pe nedrept, fapta voastră nu poate fi considerată neprihănită înaintea lui Dumnezeu.

Înainte să cred în Dumnezeu, dacă trebuia să vizitez casa cuiva în jurul orei de masă şi mă întrebau dacă mâncasem, obişnuiam să le spun: „Da, am mâncat deja." Nu m-am gândit că nu era bine ce făceam pentru că o spuneam ca să nu deranjez gazdele. Însă, în sens spiritual, este un lucru nu tocmai plăcut înaintea lui Dumnezeu pentru că nu este chiar adevărat, dar nu este păcat. După ce mi-am dat seama de acest lucru, am spus ceva de genul: „Nu am mâncat, dar nu doresc să mănânc acum."

Pentru a discerne totul prin prisma adevărului, trebuie să ascultăm, să învăţăm şi să păstrăm în inimă Cuvântul Adevărului. Trebuie să citim Biblia şi să dăm la o parte orice standarde pe care ni le-am format prin neadevărul din lumea aceasta. Oricât de înţelept este un lucru în această lume, dacă este împotriva Cuvântului lui Dumnezeu, trebuie să ne lepădăm de el.

În al doilea rând, pentru a avea operaţiuni ale sufletului care ţin de adevăr, sentimentele şi emoţiile noastre trebuie să fie în conformitate cu adevărul.

Felul în care percepem lucrurile joacă un rol importat în încercarea de a face ca sentimentele noastre să fie în concordanță cu adevărul. Am văzut o mamă care îşi certa copilul spunând: „Dacă faci asta, pastorul te va certa!" Mama îl determină pe copil să creadă că pastorul este o persoană de temut. Un astfel de copil se va teme de pastor şi îl va evita în loc să stea aproape de pastor când va creşte.

Mai demult, am văzut o scenă dintr-un film. O fată era prietenă cu un elefant, iar elefantul obişnuia să-şi înfăşoare trompa în jurul gâtului fetei. Într-o zi, în timp ce fata dormea, un şarpe veninos a venit şi s-a înfăşurat în jurul gâtului ei. Dacă ar fi ştiut că este un şarpe veninos, i-ar fi fost frică şi ar fi fost îngrozită. Însă, ochii ei erau închişi pentru că dormea şi a crezut că este trompa elefantului. Prin urmare, nu a fost speriată deloc, dimpotrivă, a crezut că este ceva prietenos. Sentimentele noastre depind de ceea ce gândim.

Sentimentele sunt diferite în funcţie de ce gândim. Oamenii care au repulsie faţă de viermi, larve şi miriapode savurează carnea de găină, chiar dacă găinile mănâncă astfel de vietăţi. Vedem din nou că ceea ce simţim faţă de ceva depinde de ceea ce gândim. Indiferent de ce persoane vedem şi de ce fel de muncă prestăm, trebuie să simţim şi să gândim ceea ce este bine.

Mai presus de toate, pentru a avea gânduri bune trebuie să vedem, să auzim şi să primim doar lucruri bune. Acest lucru este în special adevărat în zilele noastre când putem vedea aproape orice prin intermediul mass-mediei şi al internetului. Azi, în jurul nostru predomină mai mult rău, cruzime, violenţă, înşelăciune, egoism, viclenie, trădare, decât oricând în istorie. Pentru a rămâne în adevăr, este mai bine să nu vedem, să nu auzim şi să nu primim aceste lucruri pe cât de mult posibil. Cu toate acestea, chiar dacă trebuie să facem faţă unor astfel de lucruri, în acel moment putem primi lucrurile în adevăr şi bunătate. Poate vă întrebaţi: „Cum?"

De exemplu, cei care au auzit povestiri înspăimântătoare despre demoni şi vampiri la o vârstă fragedă au o teamă cu privire la ei, în special dacă rămân singuri în întuneric după ce au văzut un film de groază. Sunt înspăimântaţi şi se cutremură dacă aud vreun zgomot ciudat sau văd umbre stranii. Dacă sunt singuri, chiar şi un lucru foarte neînsemnat le poate crea o stare de şoc.

Dacă trăim în lumină, Dumnezeu ne protejează şi duhurile necurate nu ne pot atinge, ci le este teamă şi se înfioară de lumina spirituală care vine din noi. Dacă înţelegem acest lucru, ne putem schimba sentimentele. Înţelegem cu inima că duhurile necurate nu sunt fiinţe de care să ne fie teamă, aşa că sentimentele noastre se pot schimba. Din moment ce putem supune lumea întunericului, chiar dacă apar demoni, le putem spune să plece în numele lui Isus Cristos.

Haideţi să ne mai uităm la un caz în care oamenii au sentimente greşite. Am fost într-un pelerinaj cu membrii din biserică acum 20 de ani. În Grecia, era o statuie cu un bărbat dezbrăcat. Inscripţia de pe statuie era o încurajare la sport şi exerciţiu fizic pentru oameni sănătoşi, chestii care stau la baza unei societăţi sănătoase. Acolo am putut vedea diferenţa dintre turiştii din alte ţări europene şi membrii bisericii noastre.

Unele dintre femeile membre făceau poze la statuie fără probleme, în timp ce alte femei roşeau. Ele evitau acest loc ca şi cum ar fi văzut ceva ce nu ar fi trebuit să vadă. Roşeau în faţa statuii pentru că aveau minţi adultere. Sentimentele lor vizavi de goliciune nu erau curate, de aceea s-au simţit astfel când au văzut statuia nudă. Aceşti oameni pot să judece chiar şi pe cei care studiază statuia îndeaproape. Însă, turiştii europeni nu se simţeau stâjeniţi sau jenaţi. Se uitau la statuie cu apreciere pentru că o priveau ca pe o piesă bună de artă.

În acest caz, nimeni nu ar trebui să judece pe aceşti turişti europeni spunând că nu au ruşine. Dacă înţelegem diferite culturi şi ne schimbăm sentimentele de neadevăr în cele de adevăr, nu trebuie să ne simţim stânjeniţi sau ruşinaţi. Când nu avea cunoştinţe despre firea pământească, Adam umbla gol pentru că nu avea o minte adulteră şi un astfel de mod de trai era mai frumos.

Pentru a avea operaţiuni ale sufletului care ţin de adevăr, nu trebuie să acceptăm lucruri doar din perspectiva noastră, ci şi din perspectiva altora.

Dacă acceptaţi lucruri şi situaţii doar din punctul vostru de vedere, pe baza experienței voastre și a felului vostru de gândire, veți avea parte de mai multe operațiuni ale sufletului bazate pe neadevăr. Probabil că veți adăuga sau scădea din ceea ce spun alții datorită modului vostru de gândire. Poate veți înțelege greșit, veți judeca, veți condamna și veți ajunge să aveți sentimente greșite.

Să presupunem că o persoană care a fost rănită într-un accident se plânge prea mult de durere. Cei care nu au experimentat o astfel de durere sau cei care pot suporta bine durerea pot crede că această persoană face prea mult caz de un lucru minor. Dacă acceptați cuvintele oamenilor pe baza părerilor și experiențelor voastre, veți avea operațiuni ale sufletului bazate pe neadevăr. Dacă încercați să înțelegeți lucrurile din punctul de vedere al celeilalte persoane, atunci veți putea înțelege intensitatea durerii pe care o simte.

Dacă încercați să înțelegeți situația celeilalte persoane și o acceptați, veți trăi în pace cu toți. Nu trebuie să urâți sau să primiți ceva ce vă face să fiți incomfortabil. Chiar dacă aveți de suferit ofense și adversități din cauza altcuiva, dacă vă gândiți mai întâi la acea persoană, atunci nu o veți urî, ci o veți iubi și veți avea compasiune față de ea. Dacă cunoașteți dragostea lui Dumnezeu care a fost răstignit pentru noi și harul lui Dumnezeu, atunci vă puteți iubi chiar și dușmanii. Așa a fost în cazul lui Ștefan. Chiar dacă era omorât cu pietre fără să fie vinovat, el nu i-a urât pe cei care îl loveau cu pietre, ci s-a rugat pentru ei.

Însă, uneori vedem că nu este ușor să avem operațiuni ale

sufletului care ţin de adevăr după cum am dori. Prin urmare, trebuie să veghem asupra cuvintelor şi faptelor noastre şi să încercăm să schimbăm operaţiunile sufletului care ţin de neadevăr în operaţiuni care ţin de adevăr. Pe măsură ce ne rugăm şi perseverăm, vom putea avea operaţiuni ale sufletului care ţin de adevăr prin harul şi puterea lui Dumnezeu şi cu ajutorul Duhului Sfânt.

Mor zilnic

Apostolul Pavel a persecutat creştinii pentru că se baza pe o neprihănire de sine puternică şi pe un mod de gândire propriu. Însă, după ce L-a întâlnit pe Domnul, şi-a dat seama că neprihănirea de sine şi modul lui de gândire nu erau bune şi s-a umilit înaintea lui Dumnezeu până acolo încât a considerat ca un gunoi tot ce avusese înainte. La început, când şi-a dat seama că răul din el se lupta cu dorinţa de a face bine, a avut lupte în inima lui (Romani 7:24).

Însă, a făcut o declaraţie de mulţumire spunând că legea vieţii şi Duhul Sfânt în Isus Cristos l-au eliberat de legea păcatului şi a morţii. În Romani 7:25 Pavel spune: „*Mulţumiri fie aduse lui Dumnezeu, prin Isus Hristos, Domnul nostru! ... Astfel dar, cu mintea, eu slujesc legii lui Dumnezeu; dar cu firea pământească, slujesc legii păcatului*", iar în 1 Corinteni 15:31 tot el spune: „*Vă avertizez, referitor la bucuria voastră pe care şi eu o am în Cristos Isus, Domnul nostru, că mor zilnic*" (Biblia Fidela).

Pavel spune că moare în fiecare zi, ceea ce înseamnă că el își taie împrejur inima în fiecare zi. Mai precis, se leapădă de neadevăruri din inimă cum ar fi mândria, autoafirmarea, ura, judecata, mânia, aroganța și lăcomia. După cum spune el, se leapădă de aceste lucruri luptându-se până la sânge împotriva lor. Dumnezeu i-a dat har și putere și, cu ajutorul Duhului Sfânt, s-a transformat într-un om al duhului care are doar operațiuni ce țin de adevăr în sufletul lui. În final, a devenit un apostol puternic care a răspândit Evanghelia cu multe semne și minuni.

Capitolul 3
Lucrurile firii pământești

Unii oameni păcătuiesc pentru că au invidie,
gelozie, condamnare și preacurvie în mințile lor.
Acestea nu se văd în afară,
dar ei păcătuiesc astfel pentru că au lucruri rele în ei.

- Firea pământească și faptele trupului

- Ce înseamnă „carnea este neputincioasă"

- Lucrurile firii pământești: păcate la nivelul minții

- Pofta cărnii

- Pofta ochilor

- Lăudăroșenia vieții

Pentru cei care au duhul mort, sufletul lor devine stăpânul care conduce trupul. Să presupunem că vă este sete şi vreţi să beţi ceva. Atunci, sufletul va porunci mâinilor să ia paharul şi să-l ducă la gură. Însă, în acel moment cineva vă insultă ceea ce vă face să vă mâniaţi şi să vreţi să spargeţi paharul. Ce fel de operaţiune a sufletului este aceasta?

Aşa se întâmplă când Satana influenţează un suflet care este firesc. Oamenii primesc lucrările duşmanului diavolul şi ale Satanei în măsura în care au neadevăr în ei. Dacă acceptă lucrările lui Satana, ajung să aibă gânduri de neadevăr, iar dacă acceptă lucrările diavolului, vor face fapte ale neadevărului.

Gândul de a sparge paharul din cauza mâniei vine de la Satana, dar dacă veţi pune gândul în acţiune şi îl veţi sparge, aceasta vine de la diavolul. Gândul se numeşte un „lucru al firii pământeşti" iar acţiunea o „faptă a firii pământeşti." Datorită faptului că avem naturi păcătoase, sădite de către duşmanul diavolul şi de Satana de la căderea lui Adam, avem operaţiuni ale sufletului şi acţiuni care aparţin de neadevăr.

Firea pământească și faptele trupului

Romani 8:13 ne spune: *„Dacă trăiți după îndemnurile ei [fîrea pământească], veți muri; dar dacă, prin Duhul, faceți să moară faptele trupului, veți trăi."*

Aici, „veți muri" înseamnă că veți avea parte de moartea veșnică, care este iadul. Prin urmare, firea pământească nu se referă doar la trup, ci are și o semnificație spirituală.

Partea a doua a versetului spune că, dacă facem să moară faptele trupului, vom trăi. Înseamnă oare că nu trebuie să mai facem acțiuni cum ar fi să ne așezăm, să ne întindem, să mâncăm și așa mai departe? Desigur că nu! Aici „trupul" se referă la învelișul sau recipientul din care s-a scurs cunoștința duhului dată omului de Dumnezeu. Pentru a înțelege însemnătatea spirituală a acestui lucru trebuie să știm ce fel de ființă a fost Adam.

Când Adam a fost un duh viu, trupul lui era valoros și nepieritor. El nu îmbătrânea și nu putea muri sau pieri. Avea un trup spiritual, strălucitor și frumos. Purtarea lui era mai aleasă decât a oricărui nobil din această lume. Însă, din momentul în care a intrat păcatul în el și ca rezultat al acestui fapt, trupul lui a devenit nedemn și nu se mai deosebea cu nimic de cel al animalelor.

Haideți să vă explic printr-o alegorie. Dacă avem un pahar cu lichid, paharul poate fi comparat cu trupul nostru, iar lichidul cu duhul nostru. Același pahar poate avea valoare diferită în funcție de ce fel de lichid este înăuntru. Este la fel și cu trupul lui Adam.

Ca duh viu, Adam primise de la Dumnezeu doar cunoştinţa adevărului cum ar fi dragostea, bunătatea, adevărul, neprihănirea şi lumina lui Dumnezeu. Însă, când duhul lui a murit, cunoştinţa s a scurs din el şi, în locul adevărului, a primit lucrurile firii pământeşti de la diavolul şi Satana. S-a schimbat conform neadevărurilor care erau acum parte din el. Textul biblic spune că: „dacă, prin Duhul, faceţi să moară faptele trupului, veţi trăi." Aici, „faptele trupului" se referă la acţiunile care vin din trup şi se combină cu neadevărul.

De exemplu, sunt oameni care îşi arată pumnul, trântesc uşile sau au alt comportament urât când sunt mânioşi. Unii oameni folosesc un limbaj urât în fiecare propoziţie, alţii se uită la persoanele de sex opus cu lascivitate, în timp ce alţii au un comportament desfrânat.

Faptele trupului nu se referă doar la păcatele evidente, dar şi la alte acţiuni care nu sunt plăcute înaintea lui Dumnezeu. Când unii oameni vorbesc cu alţii, arată cu degetul, fără să-şi dea seama, la alţi oameni sau la obiecte. Alţi oameni ridică vocea când vorbesc aşa încât dau impresia că se ceartă. Aceste lucruri par banale, dar sunt fapte care vin din trup şi se combină cu neadevărul.

În Biblie este folosit frecvent cuvântul trup. În versetul din Ioan 1:14, cuvântul „trup" are un sens literal *„Şi Cuvântul S-a făcut trup, şi a locuit printre noi, plin de har, şi de adevăr. Şi* *noi am privit slava Lui, o slavă întocmai ca slava singurului născut din Tatăl."* Însă, de cele mai multe ori, este folosit având o semnificație spirituală.

În Romani 8:5 citim: *„În adevăr, cei ce trăiesc după îndemnurile firii pământești, umblă după lucrurile firii pământești; pe când cei ce trăiesc după îndemnurile Duhului, umblă după lucrurile Duhului",* iar Romani 8:8 spune *„Deci, cei ce sunt pământești, nu pot să placă lui Dumnezeu."*

Aici, „trup" este folosit în sens spiritual și se referă la natura păcătoasă în combinație cu trupul. Datorită acestei combinații a naturii păcătoase cu trupul, cunoștința adevărului s-a scurs în afară. Dușmanul diavolul și Satana au plantat diferite naturi păcătoase în oameni și acestea au devenit parte intregrantă a trupului. Nu se manifestă imediat în acțiune, dar aceste atribute sunt prezente în oameni astfel că se pot manifesta în acțiune oricând.

Când vorbim de fiecare dintre aceste atribute firești spunem că sunt „lucruri ale firii pământești." Ura, invidia, gelozia, falsitatea, viclenia, aroganța, mânia, judecata, condamnarea, adulterul și pofta, toate laolaltă alcătuiesc „firea", iar fiecare în parte este un „lucru al firii pământești."

Ce înseamnă „Carnea este neputincioasă"

Când Isus se ruga în Ghetsimani, ucenicii au adormit. Isus

i-a spus lui Petru: „*Vegheaţi şi rugaţi-vă, ca să nu cădeţi în ispită; duhul, în adevăr, este plin de râvnă, dar carnea este neputincioasă*" (Matei 26:41). Aceasta nu înseamnă că trupul ucenicilor era slab. Petru era bine făcut din moment ce fusese pescar. Ce înseamnă atunci „carnea este neputincioasă"?

Înseamnă că, din moment ce Petru nu primise încă Duhul Sfânt, era un om firesc care nu se lepădase complet de păcate şi, prin urmare, nu cultivase un trup care să aparţină duhului. Când un om se leapădă de păcate şi trăieşte după duhul, adică devine un om duhovnicesc şi un om al adevărului, sufletul şi trupul lui vor fi conduse de duh. Prin urmare, chiar dacă trupul lui este foarte obosit, dacă doreşte din inimă să stea treaz, atunci va putea învinge somnul.

La acea vreme, însă, Petru nu era în duhul şi nu îşi putea controla atributele fireşti cum ar fi oboseala şi lenea. Prin urmare, chiar dacă dorea să stea treaz, nu putea. Avea limitări fizice. Limitările fizice fac carnea să fie neputincioasă.

După învierea şi ridicarea la cer a lui Isus Cristos, Petru a primit Duhul Sfânt. Acum, nu doar că a putut să-şi controleze atributele fireşti, dar şi a vindecat mulţi bolnavi şi a înviat chiar şi pe morţi. A răspândit Evanghelia cu o credinţă aşa de mare şi cu curaj încât a ales să fie crucificat cu capul în jos.

Dacă ne uităm la Isus, vedem că El a răspândit Evanghelia Împărăţiei lui Dumnezeu şi a vindecat oamenii zi şi noapte chiar dacă nu putea să se odihnească sau să mănânce liniştit. Datorită faptului că duhul lui îi controla trupul, chiar dacă era obosit,

El putea să se roage până când sudoarea Lui s-a transformat în picături de sânge care au căzut pe pământ. Isus nu a avut nici păcat originar, nici comis de El, prin urmare, El a putut să-și controleze trupul prin duhul.

Unii credincioși păcătuiesc și se scuză spunând „Trupul meu este slab." Însă, ei spun acest lucru pentru că nu cunosc sensul spiritual adevărat al acestei expresii. Trebuie să înțelegem că sângele vărsat de Isus pe cruce ne-a răscumpărat nu doar din păcate, dar și din slăbiciunile noastre. Putem fi sănătoși în duh și trup și putem face lucruri care depășesc limitările omenești dacă avem credință și ascultăm Cuvântul lui Dumnezeu. Mai mult, avem ajutorul Duhului Sfânt, prin urmare nu trebuie să spunem că nu ne putem ruga sau că nu avem de ales decât să păcătuim deoarece carnea este neputincioasă.

Lucrurile firii pământești: păcate la nivelul minții

Dacă oamenii au trup, adică dacă au naturi păcătoase integrate în trupul lor, păcătuiesc nu doar cu gândul, ci și cu fapta. Dacă au falsitate, atunci vor înșela pe alții într-o situație care nu le este favorabilă. Dacă păcătuiesc în inimă și nu în acțiune, acesta este un „lucru al firii pământești."

Să presupunem că vedeți o bijuterie frumoasă care aparține vecinului vostru. Dacă vă gândiți doar să o luați sau să o furați, asta înseamnă că ați păcătuit deja în inima voastră. Cei mai mulţi oameni nu consideră acest lucru păcat, însă Dumnezeu cercetează inima. Chiar şi duşmanul diavolul şi Satana cunosc astfel de inimi ale oamenilor şi pot aduce acuzaţii împotriva unui astfel de păcat, care este un lucru al firii pământeşti.

În Matei 5:28 Isus a spus *„Dar Eu vă spun că oricine se uită la o femeie, ca s-o poftească, a şi preacurvit cu ea în inima lui"*, iar în 1 Ioan 3:15 citim *„Oricine urăşte pe fratele său, este un ucigaş; şi ştiţi că nici un ucigaş n-are viaţa veşnică rămânând în el."* Dacă păcătuiţi în inimă, înseamnă că aţi pregătit terenul să păcătuiţi cu fapta.

Puteţi afişa un zâmbet pe faţă şi puteţi să pretindeţi că iubiţi pe cineva chiar dacă îl urâţi şi vreţi mai bine să îl loviţi. Dacă se întâmplă ceva şi nu mai puteţi tolera situaţia, izbucniţi în mânie şi puteţi ajunge să vă certaţi sau să vă încăieraţi. Însă, dacă vă lepădaţi de natura păcătoasă a urii, nu veţi urî acea persoană chiar dacă vă face greutăţi.

După cum este scris în Romani 8:13 *„Dacă trăiţi după îndemnurile ei, veţi muri"*, dacă nu vă lepădaţi de lucrurile firii pământeşti veţi ajunge să faceţi faptele firii pământeşti. Însă, Scriptura mai spune că *„...dacă, prin Duhul, faceţi să moară faptele trupului, veţi trăi."* Este posibil să faceţi fapte bune şi sfinte pe măsură ce vă lepădaţi de lucrurile firii pământeşti una câte una. Cum putem să ne lepădăm de lucrurile şi de faptele firii pământeşti?

Romani 13:13-14 ne spune: *"Să trăim frumos, ca în timpul zilei, nu în chefuri şi în beţii; nu în curvii şi în fapte de ruşine; nu în certuri şi în pizmă; ci îmbrăcaţi-vă în Domnul Isus Hristos, şi nu purtaţi grijă de firea pământească, pentru ca să-i treziţi poftele"*, iar în 1 Ioan 2:15-16 citim: *"Nu iubiţi lumea, nici lucrurile din lume. Dacă iubeşte cineva lumea, dragostea Tatălui nu este în El. Căci tot ce este în lume: pofta firii pământeşti, pofta ochilor şi lăudăroşia vieţii, nu este de la Tatăl, ci din lume."*

Din aceste versete ne putem da seama că toate lucrurile din lume sunt determinate de pofta firii, pofta ochilor şi lăudăroşenia vieţii. Pofta este sursa de energie care îi motivează pe oameni să caute şi să accepte lucrurile carnale pieritoare. Este o forţă puternică care îi face pe oameni să se simtă bine în lume şi să o iubească.

Haideţi să ne uităm în Geneza 3:6, la scena în care Eva a fost ispitită de şarpe: *"Femeia a văzut că pomul era bun de mâncat şi plăcut de privit, şi că pomul era de dorit ca să deschidă cuiva mintea. A luat deci din rodul lui, şi a mâncat; a dat şi bărbatului ei, care era lângă ea, şi bărbatul a mâncat şi el."*

Şarpele i-a spus Evei că ea putea deveni ca Dumnezeu. În momentul în care a acceptat acest cuvânt, natura păcătoasă a intrat în ea şi a devenit fire. Aşa a venit pofta firii pământeşti şi rodul pomului a părut bun. Pofta ochilor a apărut şi ea iar rodul a devenit plăcut la privit. S-a instalat şi lăudăroşenia vieţii iar rodul era acum de dorit ca să deschidă cuiva mintea. Când Eva a acceptat pofta, a dorit să mănânce rodul şi a făcut-o. În trecut, nu a avut intenţia să nu asculte Cuvântul lui Dumnezeu dar, cum i-a fost trezită pofta, rodul i-a părut bun şi plăcut. A dorit să devină ca Dumnezeu, iar în final a ajuns să-I fie neascultătoare.

Pofta firii pământeşti, pofta ochilor şi lăudăroşenia vieţii ne fac să credem că păcatul şi răul sunt bune şi plăcute. Apoi, dau naştere la lucrurile firii pământeşti, iar după aceea la faptele firii pământeşti. Prin urmare, pentru a ne lepăda de lucrurile firii pământeşti trebuie să ne lepădăm prima dată de aceste pofte. După aceea putem să ne lepădăm de firea pământească din inimile noastre.

Dacă Eva ar fi ştiut câtă durere îi va provoca mâncatul din acel rod, nu i-s-ar părut bun de mâncat şi plăcut la privit, ci ar fi fost dezgustată numai la gândul să îl atingă sau să-l vadă, cu atât mai mult să-l mănânce. Tot astfel, dacă am înţelege câtă durere ne aduce faptul că iubim lumea şi că aceasta aduce pedeapsa iadului, cu siguranţă că nu am iubi lumea. Odată ce înţelegem cât de lipsite de valoare sunt lucrurile lumeşti pătate de păcat, putem să ne lepădăm cu uşurinţă de dorinţa după lucrurile fireşti. Haideţi să vă explic.

Pofta firii pământeşti

Pofta firii pământeşti este natura care vine după firea pământească şi care păcătuieşte. Când avem ură, mânie, dorinţe egoiste, senzuale, invidie şi mândrie, pofta firii pământeşti poate fi stârnită. Când ne aflăm într-o situaţie în care naturile păcătoase sunt stârnite, interesul şi curiozitatea sunt şi ele trezite. Aceasta ne va face să ni se pară că păcatele sunt bune şi plăcute. În acest moment, lucrurile firii pământeşti sunt descoperite şi se transformă în fapte ale firii pământeşti.

De exemplu, să presupunem că un creştin nou decide să nu mai bea, dar mai are încă dorinţa de a bea alcool, care este un lucru al firii pământeşti. Dacă merge la un bar sau într-un loc în care oamenii beau alcool, pofta firii lui pământeşti este stârnită. Aceasta trezeşte dorinţa omului acestuia şi îl face să bea alcool şi să se îmbete.

Haideţi să vă dau un alt exemplu. Dacă judecăm şi condamnăm pe alţii, vom avea tendinţa să dorim să ascultăm ce spune lumea despre alţi oameni. Ni se va părea că este amuzant să ascultăm, să răspândim zvonuri şi să vorbim despre alţii. Dacă avem mânie şi ne găsim într-o situaţie care ne deranjează, ne vom simţi bine când ne mâniem pe cineva sau pe ceva din cauza acestui lucru. Dacă încercăm să ne controlăm şi să nu urmăm înclinaţiile firii pământeşti care ne face să ne mâniem, ni se va părea un lucru dureros şi greu de suportat. Dacă avem un caracter mândru, atunci în mândria noastră vom avea natura să ne lăudăm. De asemenea, în mândria noastră dorim să fim slujiţi de alţii datorită acestor lucruri din noi. Dacă avem dorinţa de a ne îmbogăţi, încercăm să acumulăm bogăţii chiar cu preţul de a-i răni pe alţii şi de a le face rău. Această poftă a firii pământeşti creşte pe măsură ce păcătuim.

Dacă un om, care este un creştin nou şi are o credinţă slabă, se roagă cu sârguinţă, primeşte har prin părtăşia cu alţi membri şi este umplut cu Duhul Sfânt, atunci pofta firii lui pământeşti nu va fi stârnită la fel de uşor. Chiar dacă pofta firii pământeşti se ridică într-un colţ al minţii lui, el o poate alunga imediat cu adevărul. Însă, dacă încetează să se roage şi pierde plinătatea Duhului Sfânt, prin asta va da prilej duşmanului diavolul şi Satanei să îi stimuleze din nou pofta firii pământeşti.

De ce este important să ne lepădăm de pofta firii pământeşti? Pentru a rămâne umpluţi de Duhul Sfânt şi pentru ca dorinţa după Duhul să rămână mai puternică decât dorinţa după ceea ce doreşte firea pământească. Trebuie să veghem întotdeauna, după cum citim în 1 Petru 5:8 „*Fiţi treji, şi vegheaţi! Pentru că potrivnicul vostru, diavolul, dă târcoale ca un leu care răcneşte, şi caută pe cine să înghită.*"

Pentru a face acest lucru, trebuie să ne rugăm neîncetat. Chiar dacă suntem ocupaţi cu lucrarea lui Dumnezeu vom pierde plinătatea Duhului lui Dumnezeu dacă încetăm să ne rugăm. Astfel se deschide calea prin care pofta firii pământeşti poate fi stimulată. În acest fel, putem să păcătuim cu mintea, iar mai apoi cu fapta. De aceea, chiar Isus, Fiul lui Dumnezeu, ne-a dat un exemplu bun pentru că s a rugat fără încetare în timpul vieţii lui pe pământ. El nu a încetat să se roage pentru a comunica cu Tatăl şi pentru a-I face voia.

Desigur, dacă vă lepădaţi de păcate şi ajungeţi la sfinţire, pofta firii pământeşti nu se va manifesta şi astfel nu vă veţi supune firii şi nu veţi păcătui. Cei care sunt sfinţiţi nu se vor ruga să se lepede de pofta firii pământeşti, ci se vor ruga să primească o umplere mai mare a Duhului şi să ducă Împărăţia lui Dumnezeu şi mai departe.

Ce se întâmplă dacă avem excremente umane pe hainele noastre? Nu le ştergem doar, ci le spălăm complet cu apă şi săpun ca să se îndepărteze şi mirosul. Dacă găsim un vierme sau o larvă pe hainele noastre, vom fi surprinşi şi o vom scutura imediat. Însă, păcatele inimii sunt mult mai murdare şi mai mizerabile decât orice murdărie umană sau orice vierme. După cum scrie în Matei 15:18 – *„Dar, ce iese din gură, vine din inimă, şi aceea spurcă pe om"*, aceste lucruri fac rău omului până în oase şi măduvă şi provoacă multă durere.

Ce se întâmplă dacă soţia află că soţul ei o înşeală? Cât de dureros trebuie să fie acest lucru pentru ea! Este la fel de dureros şi când e invers. Acest lucru va duce la certuri care vor distruge pacea în familie, sau vor cauza destrămarea familiei. Prin urmare, trebuie să ne lepădăm repede de pofta firii pământeşti pentru că dă naştere la păcat şi la consecinţe nefavorabile.

Pofta ochilor

„Pofta ochilor" stimulează inima prin lucrurile pe care le vede sau le aude cineva şi face ca acea persoană să caute lucrurile fireşti. Deşi se numeşte pofta ochilor, ea intră în inimile oamenilor prin ceea ce au văzut, au auzit şi au simţit când au crescut. Mai precis, ceea ce văd şi aud le atinge inima şi le provoacă anumite sentimente, iar prin aceasta primesc ceea ce se numeşte „pofta ochilor."

Când vedeţi un lucru şi îl acceptaţi împreună cu sentimentele pe care le trezeşte, veţi avea sentimente similare când vedeţi ceva asemănător. Chiar dacă nu vedeţi acel lucru, ci doar auziţi despre el, vă veţi reaminti experienţele trecute şi astfel pofta ochilor poate fi stimulată. Dacă continuaţi să primiţi pofta ochilor, aceasta vă va motiva pofta firii pământeşti, iar în final veţi ajunge să păcătuiţi.

Ce s-a întâmplat când David a văzut-o pe Batşeba, soţia lui Urie, când se îmbăia? El nu se lepădase de pofta ochilor, ci o acceptase, prin urmare, a dat curs poftei firii sale pământeşti care i a dat dorinţa să o aibă pe această femeie. În final, a luat-o la el şi a mai păcătuit prin faptul că l-a trimis po soţul ei, Urie, în prima linie de luptă ca să moară. Prin această faptă David a adus o mare nenorocire asupra lui.

Dacă nu ne lepădăm de pofta ochilor, acest lucru continuă să stârnească natura păcătoasă din noi. De exemplu, dacă ne uităm la materiale obscene, acest lucru va stimula natura păcătoasă a unei minţi adultere. Când vedem ceva cu ochii noştri, vine şi pofta ochilor, iar Satana ne îndreaptă gândurile spre neadevăr.

Cei care cred în Dumnezeu nu trebuie să accepte pofta ochilor. Nu trebuie să vă uitaţi sau să auziţi ceea ce nu vine de la adevăr şi nu trebuie să mergeţi într-un loc în care puteţi avea contact cu lucruri neadevărate. Oricât de mult vă rugaţi, postiţi, faceţi nopţi de veghe să vă lepădaţi de fire, dacă nu vă lepădaţi de pofta ochilor, pofta firii pământeşti prinde putere şi are şi mai multă influenţă. Ca rezultat, nu veţi putea să vă lepădaţi uşor de firea pământească şi vi se va părea că este foarte greu să vă luptaţi cu păcatele.

De exemplu, într-un război, dacă soldaţii din interiorul cetăţii primesc provizii din afară, se întăresc să poată lupta în continuare. Astfel, nu este uşor să învingem forţele duşmanului aflate în interiorul cetăţii. Prin urmare, pentru a învinge cetatea trebuie să o înconjurăm şi să tăiem orice cale prin care poate primi provizii sau arme. Dacă continuăm să atacăm în această situaţie, forţele duşmanului vor fi distruse.

Folosind acest exemplu, dacă forţa duşmanului este neadevărul, adică firea din noi, atunci proviziile din afară sunt pofta ochilor. Dacă nu ne lepădăm de pofta ochilor, nu vom putea să ne lepădăm de alte păcate chiar dacă postim şi ne rugăm pentru că natura păcătoasă continuă să se întărească. Prima dată, trebuie să ne lepădăm de pofta ochilor, să ne rugăm şi să postim pentru a ne lepăda de naturile păcătoase. Apoi, vom putea să ne lepădăm de ele prin harul şi puterea lui Dumnezeu şi prin plinătatea Duhului Sfânt.

Haideţi să vă dau un exemplu mai simplu. Dacă continuăm să turnăm apă curată într-un vas care este plin cu apă murdară, această apă va deveni curată în final. Însă, ce se întâmplă dacă turnăm şi apă curată şi apă murdară în acelaşi timp? Apa murdară din vas nu va deveni curată oricât de multă apă am turna deoarece nu toată apa turnată este curată. Tot astfel, nu trebuie să acceptăm niciun neadevăr, ci doar adevărul, ca să putem să ne lepădăm de fire şi să cultivăm inima duhului.

Lăudăroşenia vieţii

Oamenii au tendinţa să se laude. „Lăudăroşenia vieţii" este „vanitatea şi îngâmfarea din natura noastră pe care le avem vizavi de plăcerile acestei vieţi." De exemplu, aceşti oameni doresc să se laude cu familia, copiii, soţul, soţia lor, hainele scumpe, casa lor bună sau bijuteriile lor. Vor să fie apreciaţi pentru înfăţişarea sau talentul lor. Ei se laudă cu prieteniile pe care le au cu oameni importanţi sau cu celebrităţi. Dacă aveţi lăudăroşenia vieţii, puneţi preţ pe avuţii, faimă, cunoştinţe, talent sau pe lucrurile pe care le oferă lumea şi le căutaţi cu entuziasm.

Care este însă folosul unei astfel de lăudăroşenii? Eclesiastul 1:2-3 spune că totul este deşertăciune. După cum spune şi Psalmul 103:15 *„Omul! Zilele lui sînt ca iarba, şi înfloreşte ca floarea de pe cîmp"*, lăudăroşenia vieţii nu ne poate da adevărata valoare sau viaţă. Mai degrabă, este ostilă faţă de Dumnezeu şi duce la moarte. Dacă ne lepădăm de firea pământească fără valoare, vom scăpa de lăudăroşenie sau poftă şi vom căuta doar adevărul.

În 1 Corinteni 1:31 ni se spune că cel care se laudă să se laude în Domnul. Aceasta înseamnă că nu trebuie să ne lăudăm pe noi înșine, ci să-L slăvim pe Dumnezeu. Înseamnă să ne lăudăm cu crucea și cu Domnul care ne-a mântuit și cu Împărăția Cerurilor pe care a pregătit-o pentru noi. De asemenea, să ne lăudăm cu harul, binecuvântările, slava și orice lucru pe care l-am primit de la Dumnezeu. Când ne lăudăm în Domnul, Dumnezeu se bucură și ne binecuvintează material și spiritual.

Datoria oamenilor este să se teamă și să Îl iubească pe Dumnezeu, iar valoarea fiecăruia va fi decisă în măsura în care persona respectivă devine un om al duhului (Eclesiastul 12:13).

Odată ce ne lepădăm de toate păcatele și de rău, adică de fire și de lucrurile firii pământești și redobândim chipul lui Dumnezeu pe care l-am pierdut, putem trece de nivelul primului om Adam, care era un duh viu. Aceasta înseamnă că trebuie să devenim oameni duhovnicești și ai duhului întreg. Prin urmare, nu trebuie să dăm curs poftelor firii, ci trebuie să ne îmbrăcăm cu Cristos.

Capitolul 4

Dincolo de nivelul Duhului de viață

Odată ce dăm la o parte gândurile firești,
operațiunea sufletului care aparține firii dispare
și rămâne doar operațiunea sufletului care ține de duh.
Sufletul ascultă pe deplin de duhul care este stăpân.
Când stăpânul își face datoria, iar slujitorul și-o face pe-a lui,
spunem că sufletului îi merge bine.

- Inima limitată a oamenilor

- A deveni un om al duhului

- Duh viu și duh cultivat

- Credința spirituală este dragostea adevărată

- Spre sfințenie

Nou-născuții sunt ființe umane, dar nu se comportă ca o ființă matură. Ei nu au cunoștință. Nu-și pot recunoaște părinții și nu știu cum să supraviețuiască. Tot astfel, Adam, care a fost creat ca duh viu, nu și-a putut duce la îndeplinire datoria de om la început. A devenit o ființă plină de semnificație doar după ce a fost umplut de cunoștința duhului. A ajuns să trăiască ca domn peste toată creația pe măsură ce a primit de la Dumnezeu, încetul cu încetul, cunoștința duhului. La acel timp, inima lui Adam era duhul însuși, de aceea nu era nevoie să se folosească cuvântul „inimă."

Însă, după ce a păcătuit, duhul lui a murit. Cunoștința duhului a început să-l părăsească puțin câte puțin și a început să se umple de cunoștința firii date de dușmanul diavolul și de Satana. Inima lui nu se mai putea numi „duh" și de atunci încolo s-a numit „inimă."

Inițial, inima lui Adam a fost creată după asemănarea lui Dumnezeu care este duh. Inima lui Adam putea fi lărgită pe măsură ce era umplută de cunoștința duhului. Însă, după ce duhul lui a murit, cunoștința neadevărului a înconjurat duhul lui, iar acum dimensiunea inimii a ajuns să fie limitată. Prin intermediul sufletui, care devenise stăpânul omului, acesta a început să primească alte cunoştinţe şi a început să le folosească în moduri diferite. În funcţie de cunoştinţele diferite şi de modurile diferite de utilizare, inimile oamenilor au început să se mobilizeze în diverse feluri.

Chiar şi cei care au inimi relativ mari, nu pot să treacă de anumite limite puse de neprihănirea de sine, de modul lor de gândire şi de teoriile lor. Când Îl primim pe Domnul Isus Cristos şi primim Duhul Sfânt, iar duhul nostru se naşte din nou prin Duhul Sfânt, atunci putem trece peste aceste limite umane. Mai mult, în măsura în care ne cultivăm inima duhului, putem simţi şi învăţa lucruri despre lumea spirituală nemărginită.

Inima limitată a oamenilor

Când oamenii sufleteşti ascultă Cuvântul lui Dumnezeu, mesajul ajunge la mintea lor prima dată, apoi ei folosesc gândirea umană. Din acest motiv, ei nu pot accepta Cuvântul în inimile lor. În mod natural, ei nu înţeleg lucrurile spirituale şi nici nu se pot schimba de unii singuri cu adevărul. Încearcă să înţeleagă lumea spirituală cu inima lor limitată şi astfel sunt plini de judecată. Pe lângă aceasta, au multe lucruri neînţelese şi judecă chiar şi pe patriarhii Bibliei.

Când Dumnezeu i-a poruncit lui Avraam să îl aducă pe Isaac

ca jertfă, unii spun că a fost foarte greu pentru Avraam să asculte. Ei spun ceva de genul: Dumnezeu l-a dus într-o călătorie de trei zile la muntele Moria pentru a-i testa credința; cu siguranță că pe drum a avut timp să experimenteze o mare agonie în timp ce se gândea dacă să asculte porunca lui Dumnezeu sau nu. În final, a decis să asculte de Dumnezeu.

A avut oare Avraam astfel de probleme? A plecat dis-de-dimineață fără să discute cu soția lui, Sara. S-a încrezut pe deplin în puterea și bunătatea lui Dumnezeu care poate învia și morții. Din acest motiv, el și-a putut da fiul său, Isaac, fără ezitare. Dumnezeu i-a văzut inima și i-a recunoscut credința și dragostea. Ca rezultat, Avraam a devenit tatăl credinței și a fost numit „prieten al lui Dumnezeu."

Dacă cineva nu înțelege nivelul de credință și de ascultare plăcut lui Dumnezeu, va avea neclarități cu privire la astfel de lucruri deoarece el gândește cu o inimă și cu un standard al credinței limitate. Putem înțelege pe cei care Îl iubesc pe Dumnezeu până la cel mai înalt nivel și Îi sunt plăcuți lui doar în măsura în care ne lepădăm de păcate și cultivăm o inimă a duhului.

A deveni un om al duhului

Dumnezeu este duh și dorește ca și copiii Lui să devină oameni ai duhului. Ce trebuie să facem pentru a deveni oameni ai duhului, adică oameni al căror duh a devenit stăpân peste suflet și trup? Mai presus de toate, trebuie să ne lepădăm de gândurile de neadevăr, adică de gândurile firești, ca să nu fim controlaţi de Satana. În schimb, trebuie să ascultăm vocea Duhului Sfânt care ne atinge inima prin Cuvântul Adevărului. Trebuie să ne lăsăm sufletul să asculte vocea Duhului pe deplin. Când ascultăm Cuvântul lui Dumnezeu, trebuie să-L acceptăm cu „Amin" şi trebuie să ne rugăm stăruitor până când înţelegem sensul spiritual al Cuvântului.

În acest fel, dacă primim plinătatea Duhului Sfânt, duhul nostru va deveni noul stăpân şi astfel vom putea ajunge la dimensiunea spirituală prin comunicare zilnică cu Dumnezeu. Deci, când sufletul ascultă pe deplin de stăpân, adică de duh, şi se poartă ca slujitor, putem spune că sufletului nostru „îi merge bine." Dacă sufletului nostru îi merge bine, vom prospera în toate lucrurile şi vom fi sănătoşi.

Dacă înţelegem bine operaţiunea sufletului şi o răscumpărăm după cum doreşte Dumnezeu, atunci nu vom mai fi provocaţi de către Satana. În acest fel, putem redobândi chipul lui Dumnezeu pe care Adam l-a pierdut la cădere. Astfel, ordinea dintre duh, suflet, trup va fi stabilită corect şi vom deveni copii adevăraţi ai lui Dumnezeu. Apoi, putem trece dincolo de nivelul duhului viu la care fusese Avraam. Nu doar că vom primi autoritate şi putere să domnim peste toate lucrurile, dar ne vom şi bucura cu o bucurie veşnică în Împărăţia Cerească care este la un nivel mai înalt decât Grădina Edenului. După cum este scris în 2 Corinteni 5:17 – „*Căci, dacă este cineva în Hristos, este o făptură (Sau: zidire.) nouă. Cele vechi s-au dus: iată că toate lucrurile s au făcut noi*" – vom deveni o făptură nouă în Domnul.

Duhul viu şi duhul cultivat

Când ascultăm de poruncile lui Dumnezeu care ne spun să nu facem unele lucruri şi să păzim alte lucruri, asta înseamnă că nu facem lucrările firii şi rămânem în adevăr. În aceeaşi măsură, devenim din ce în ce mai mult oameni ai duhului. Atâta timp cât suntem oameni fireşti care trăim în neadevăr, s-ar putea să avem probleme sau boli, dar odată ce devenim oameni ai duhului, vom prospera în toate lucrurile şi vom fi sănătoşi.

De asemenea, pe măsură ce ne lepădăm de rău, după cum ne spune Dumnezeu, lucrurile firii pământeşti şi gândurile fireşti vor fi înlăturate pentru ca sufletul să aparţină adevărului. Când gândim doar în adevăr, vom auzi vocea Duhului Sfânt mai clar. Dacă trăim după poruncile lui Dumnezeu care ne spun să păzim, să nu facem sau să ne lepădăm de anumite lucruri, putem deveni oameni ai duhului fără neadevăr în noi. Mai mult, dacă împlinim din toată inima poruncile lui Dumnezeu de a face anumite lucruri, vom deveni oameni ai duhului întreg.

Pe lângă aceasta, este o mare diferenţă între aceşti oameni ai duhului şi Adam care fusese un duh viu. Adam nu experimentase nimic firesc prin cultivarea umană, astfel că nu poate fi privit ca o fiinţă spirituală adevărată. El nu putea înţelege nimic despre suferinţa, durerea, sau despărţirea cauzată de fire. Pe de altă parte, aceasta înseamnă că nu putea avea o adevărată apreciere, mulţumire sau dragoste. Chiar dacă Dumnezeu l-a iubit foarte mult, nu putea aprecia cât de bună era această dragoste. Se bucura de cele mai multe lucruri dar nu își putea da seama că era atât de fericit. Nu putea fi un adevărat copil al lui Dumnezeu care să-și poată împărtăși inima cu a Lui. Doar după ce trece prin lucruri firești și ajunge să le cunoască, o persoană poate deveni o ființă spirituală adevărată.

În timp ce era un duh viu, Adam nu a experimentat nimic firesc și astfel a avut întotdeauna posibilitatea să accepte firea și să fie corupt. Duhul lui Adam nu a fost complet și perfect în adevăratul sens, ci era un duh care putea muri. De aceea, a fost numit o ființă, ceea ce înseamnă un duh viu. Unii dintre voi poate vă întrebați cum poate un duh viu să fie ispitit de Satana. Haideți să vă explic printr-o alegorie.

Să presupunem că într-o familie sunt doi copii foarte ascultători. Odată, unul dintre ei s-a ars cu apă fierbinte, dar celălalt nu a fost ars niciodată. Într-o zi, mama le-a atras atenția asupra unui fierbător de apă și le-a spus să nu-l atingă. De obicei sunt ascultători, astfel că niciunul dintre ei nu îl atinge.

Însă, unul dintre copii a experimentat odată faptul că apa fierbinte este periculoasă, prin urmare ascultă de bunăvoie. El înțelege inima mamei lui care îi iubește și încearcă să îi protejeze prin faptul că îi atenționează. Spre deosebire de el, celălalt copil, care nu a avut o astfel de experiență, este curios când vede fierbătorul de apă și aburii care se ridică. El nu înțelege pe deplin intenția mamei lui. Există mereu șansa ca el să încerce să atingă fierbătorul de apă din curiozitate.

La fel s-a întâmplat cu duhul viu, Adam. El a auzit că păcatele şi răul sunt de temut, dar ne le-a experimentat niciodată. Nu avea cum să fi înţeles exact ce erau păcatul şi răul. Din moment ce el nu experimentase relativitatea lucrurilor, a ajuns să accepte ispita lui Satan prin voinţa lui proprie şi a mâncat din fructul oprit.

Dumnezeu doreşte copii adevăraţi care, după ce au experimentat firea, au inimi ale duhului care nu se răzgândesc în nicio cirumstanţă şi care sunt diferiţi de Adam, duhul viu care nu a înţeles relativitatea diferitelor lucruri. Ei înţeleg foarte bine contrastul dintre fire şi duh. Au experimentat răul, păcatul şi durerea din această lume aşa că ştiu cât de dureroasă, de murdară şi de deşartă este firea. Pe deasupra, ei cunosc duhul foarte bine, care este opusul firii. Ei ştiu cât este de frumos şi de bun astfel că, prin voia lor liberă, nu vor accepta firea niciodată. Aceasta este diferenţa dintre duhul viu şi cel cultivat.

Un duh viu ascultă necondiţionat, în timp ce duhul cultivat ascultă din inimă, după ce a experimentat binele şi răul. Mai mult, oamenii duhului care s-au lepădat de toate păcatele şi răul vor primi binecuvântarea de a intra în cea de-a Treia Împărăţie Cerească, iar oamenii duhului întreg în Noul Ierusalim.

Credinţa spirituală este adevărata dragoste

Odată ce devenim oameni ai duhului în călătoria credinţei, vom putea simţi bucuria şi fericirea unei dimensiuni diferite. Vom avea pace adevărată în inimă. Ne vom bucura întotdeauna, ne vom ruga fără încetare şi vom aduce mulţumiri după cum spune în 1 Tesaloniceni 5:16-18. Vom înţelege inima şi voia lui Dumnezeu care doreşte să ne dea fericire adevărată, Îl vom putea iubi cu inimi adevărate şi-I vom aduce mulţumiri.

Am auzit că Dumnezeu este dragoste, dar înainte să devenim oameni ai duhului, nu putem cunoaşte această dragoste. Doar după ce înţelegem voia lui Dumnezeu prin procesul de cultivare umană, putem înţelege în profunzime faptul că Dumnezeu este dragoste şi că trebuie să-L iubim mai presus de tot.

Atâta timp cât nu ne lepădăm de ceea ce este firesc din inimile noastre, dragostea şi mulţumirea noastră nu sunt adevărate. Chiar dacă spunem că Îl iubim pe Dumnezeu şi Îi mulţumim, ne putem răzgândi când lucrurile nu par a fi în folosul nostru. Spunem că suntem mulţumitori când lucrurile merg bine, dar în curând uităm harul. Dacă ne confruntăm cu dificultăţi, în loc să ne aducem aminte de har, devenim frustraţi sau chiar mânioşi. Uităm harul şi gratitudinea primite.

Gratitudinea oamenilor duhului vine din profunzimea inimilor lor şi nu se schimbă nici chiar cu trecerea timpului. Ei înţeleg voia lui Dumnezeu care cultivează fiinţele umane în pofida durerii greu de suportat care rezultă din aceasta şi Îi aduc mulţumiri din adâncul inimii lor. De asemenea, ei Îl iubesc şi Îi sunt recunoscători Domnului Isus care a purtat crucea pentru noi şi Duhului Sfânt care ne conduce spre adevăr. Dragostea şi recunoştinţa lor nu se schimbă niciodată.

Spre sfințenie

Oamenii au fost corupți de păcat dar, după ce Îl acceptă pe Isus Cristos și primesc harul mântuirii, pot fi transformați prin credință și prin puterea Duhului Sfânt. Astfel pot merge dincolo de nivelul duhului viu. În măsura în care neadevărurile sunt îndepărtate și sunt umpluți cu adevărul, pot deveni oameni ai duhului ajungând la neprihănire.

În cele mai multe cazuri, când oamenii văd lucruri rele, combină ceea ce văd cu neadevărul din ei, prin urmare gândesc și simt neadevăr. În acest fel, pot să facă fapte rele. Însă, cei care sunt sfințiți nu au niciun neadevăr în ei, astfel că nu au nici gânduri păcătoase și nici nu fac fapte rele. Nu se uită la lucruri păcătoase dar, chiar dacă se întâmplă să le vadă, acestea nu ajung să fie fapte sau gânduri păcătoase.

Putem fim considerați sfințiți când cultivăm o inimă pură, fără pată sau zbârcitură, lepădându-ne chiar și de răul din adâncul inimii. Cei care au doar gânduri spirituale, adică cei care văd, aud, vorbesc și se poartă în adevăr sunt copii adevărați ai lui Dumnezeu și au ajuns mai sus de nivelul duhului.

După cum scrie în 1 Ioan 5:18 „*Știm că oricine este născut din Dumnezeu, nu păcătuiește, ci Cel născut din Dumnezeu îl păzește, și cel rău nu se atinge de el*", în lumea spirituală, puterea înseamnă a fi fără păcat. Sfințenia înseamnă a fi fără păcat. Din acest motiv, putem redobândi autoritatea care i a fost dată duhului viu, Adam, și putem învinge și stăpâni peste dușmanul diavolul și Satana pe măsură ce ne lepădăm de păcat.

Când devenim oameni ai duhului, diavolul nu ne poate atinge și odată ce devenim oameni ai duhului întreg și creștem în bunătate și dragoste, vom putea face lucrările pline de putere ale Duhului Sfânt și lucruri mărețe.

Putem deveni oameni ai duhului și ai duhului întreg când ne sfințim (1 Tesaloniceni 5:23). Dacă ne gândim la Dumnezeu, care a cultivat omenirea și a avut răbdare cu ea o perioadă atât de îndelungată pentru a câștiga copii adevărați, vom putea înțelege că cel mai semnificativ lucru în viață este să devenim oameni ai duhului și ai duhului întreg.

Partea 3

Reînvierea duhului

Sunt un om firesc sau duhovnicesc?
Prin ce se deosebeşte duhul de duhul întreg?

Isus i-a răspuns: „Adevărat, adevărat îţi spun,
că, dacă nu se naşte cineva din apă şi din Duh,
nu poate să intre în Împărăţia lui Dumnezeu.
Ce este născut din carne, este carne,
şi ce este născut din Duh, este duh.
- Ioan 3:5-6

Capitolul 1
Duhul şi duhul întreg

Oamenii au nevoie de mântuire datorită faptului că duhurile lor sunt moarte. Viaţa noastră de creştin este procesul de creştere după ce duhul a fost reînviat.

- Ce este duhul?

- Reînvierea duhului

- Procesul de creştere în duhul

- Cultivarea unui pământ bun

- Rămăşiţele firii

- Dovezi că am ajuns la nivelul duhului întreg

- Binecuvântările date oamenilor duhului şi omenilor duhului întreg

Duhul omului a murit datorită păcatului lui Adam. De atunci încolo, sufletul oamenilor a devenit stăpân. Ei acceptă constant neadevăruri, caută să-şi satisfacă poftele şi ajung să nu poată fi mântuiţi. Datorită faptului că sunt controlaţi de suflet, care este sub influenţa lui Satan, păcătuiesc şi merg în iad. De aceea, toţi oamenii au nevoie de mântuire. Dumnezeu caută copii adevăraţi care sunt mântuiţi prin cultivarea umană, şi anume oameni ai duhului şi ai duhului întreg.

După cum scrie în 1 Corinteni 6:17 „*Dar cine se lipeşte de Domnul, este un singur duh cu El*", copiii adevăraţi ai lui Dumnezeu sunt cei care au fost uniţi cu Isus Cristos în duhul.

Când Îl primim pe Isus Cristos începem să trăim în adevăr cu ajutorul Duhului Sfânt. Dacă trăim complet în adevăr înseamnă că am devenit oameni ai duhului care au inima Domnului. Aceasta se întâmplă când suntem una în duh cu Domnul. Însă, chiar dacă am devenit un singur duh cu Domnul, este o mare diferenţă între duhul lui Dumnezeu şi duhul oamenilor. Dumnezeu este Duhul însuşi fără un trup fizic, în timp ce duhul oamenilor se află în trupul lor fizic. Dumnezeu are o formă de duh care aparţine

Cerului, în timp ce oamenii au o formă de duh într-un trup fizic, creat din țărâna pământului. Cu siguranță că este o mare diferență între Dumnezeu creatorul și oamenii care sunt creaturile Sale.

Ce este duhul?

Mulți oameni consideră cuvântul „duh" ca fiind interschimbabil cu „suflet." Dicționarul *Merriam-Webster* spune că duhul este „principiul vital care animează organismele fizice, ori o ființă sau esență spirituală." Însă, din punctul de vedere al lui Dumnezeu, duhul nu moare, nu piere și nu se schimbă niciodată, ci este etern. Este viața și adevărul însuși.

Dacă încercăm să găsim ceva pe acest pământ care are caracteristicile duhului acesta ar fi aurul. Strălucirea lui nu dispare nici cu trecerea timpului, nu se strică și nu se schimbă. Din acest motiv Dumnezeu ne aseamănă credința cu a aurului adevărat și face casele din Cer cu aur și alte pietre prețioase.

Primul om, Adam a primit o parte din natura originară a lui Dumnezeu când El i-a suflat în nări suflare de viață. A fost creat ca un duh imperfect. Aceasta se datorează faptului că exista posibilitatea ca el să redevină o ființă firească cu caracteristicile țărânei. El nu era doar „duh." Era un „duh viu" ceea ce înseamnă o „ființă."

De ce l-a creat Dumnezeu pe Adam un duh viu? Dumnezeu a dorit ca Adam să ajungă un om al duhului întreg după ce va fi trecut de dimensiunea duhului viu, experimentând firea rezultată în urma cultivării umane. Acesta lucru nu se aplică doar la Adam, ci este adevărat şi pentru descendenţii lui. Din acest motiv, Dumnezeu L-a pregătit pe Mântuitorul Isus şi pe Duhul Sfânt ca ajutor dinainte de începerea timpului.

Reînvierea duhului

Adam a trăit în Grădina Edenului ca duh viu pentru o perioadă de timp care nu se poate măsura, dar în final comunicarea lui cu Dumnezeu s-a stricat din cauza păcatului. În acel timp, Satan a început să planteze cunoştinţa neadevărului în el prin intermediul sufletului. În acest proces, cunoştinţa despre duh pe care Adam a primit-o de la Dumnezeu a început să dispară şi a fost înlocuită cu cea care vine de la fire, adică cunoştinţa neadevărului dată de Satana.

Pe măsură ce a trecut timpul, oamenii au fost umpluţi tot mai mult cu ceea ce vine de la fire. Neadevărul a înconjurat şi a înecat sămânţa vieţii din om. Este ca şi cum neadevărul a îngrădit şi a restrâns sămânţa vieţii ca să devină complet inactivă. În cazul în care sămânţa vieţii devine inactivă, spunem că duhul este „mort." Acest lucru înseamnă că Lumina lui Dumnezeu care poate face sămânţa vieţii activă a dispărut. Cum putem reînvia un duh mort?

În primul rând trebuie să ne naştem din apă şi din duh.

Pe măsură ce ascultăm Cuvântul lui Dumnezeu care este adevărul și Îl primim pe Isus Cristos ca mântuitor personal, Dumnezeu pune darul Duhului Sfânt în inimile noastre. În Ioan 3:5 citim spusele lui Isus: „Adevărat, adevărat îți spun, că, dacă nu se naște cineva din apă și din Duh, nu poate să intre în Împărăția lui Dumnezeu." De aici vedem că putem fi mântuiți doar după ce suntem născuți din apă, care este Cuvântul lui Dumnezeu, și din Duhul Sfânt.

Duhul Sfânt vine în inimile noastre și face ca sămânța vieții să fie reactivată, ceea ce înseamnă reînvierea duhului nostru mort. El ne ajută să ne lepădăm de fire, adică de neadevăruri, distruge lucrările neadevărului și ne umple de cunoștința adevărului. Dacă nu primim Duhul Sfânt, duhul nostru mort nu poate fi reînviat și nici nu vom putea înțelege însemnătatea spirituală a Cuvântului lui Dumnezeu. Cuvântul pe care nu-l înțelegem nu poate fi plantat în inima noastră și astfel nu vom putea avea credință spirituală. Putem avea înțelegere spirituală și credință din inimă doar cu ajutorul Duhului Sfânt. Astfel putem primi putere să punem în practică Cuvântul lui Dumnezeu și să-L trăim când ne rugăm. Fără ajutorul Lui în rugăciune, nu avem putere să trăim Cuvântul lui Dumnezeu.

În al doilea rând trebuie să continuăm să renaștem duhul prin Duhul Sfânt.

Odată ce duhul nostru, care a fost odată mort, este reînviat prin Duhul Sfânt trebuie să îl umplem în continuare cu cunoştinţa adevărului. Aceasta înseamnă renaşterea duhului prin Duhul Sfânt. Când ne rugăm stăruitor cu ajutorul Duhului Sfânt să ne împotrivim până la sânge în lupta faţă de păcat, răul şi neadevărul din inimă vor fi îndepărtate. Mai mult, pe măsură ce acceptăm cunoştinţa adevărului care vine de la Duhul Sfânt cum ar fi dragostea, bunătatea, adevărul, smerenia şi umilinţa, vom avem din ce în ce mai mult adevăr şi bunătate. Cu alte cuvinte, când acceptăm adevărul prin Duhul Sfânt, este ca şi cum am face reversul paşilor luaţi în procesul prin care omenirea a devenit coruptă de la căderea lui Adam.

Sunt oameni, însă, care primesc Duhul Sfânt dar care nu îşi schimbă inimile. Nu caută dorinţa Duhului Sfânt, ci continuă să trăiască în păcat urmându-şi dorinţele fireşti. La început, încearcă să se lepede de păcate, dar după o vreme devin căldicei şi nu se mai luptă împotriva păcatului. Din acel moment, se împrietenesc cu lumea sau păcătuiesc. Inimile lor, care deveniseră purificate şi curate, sunt pătate din nou cu păcat. Chiar dacă L-am primit pe Duhul Sfânt, dacă inimile noastre sunt saturate continuu cu neadevăruri, sămânţa vieţii nu se poate întări.

În 1 Tesaloniceni 5:19 ne previne spunând: *„Nu stingeţi Duhul."* Putem ajunge într-un stadiu în care ne merge numele că trăim dar, atâta timp cât nu ne schimbăm după ce am primit Duhul Sfânt, suntem morţi (Apocalipsa 3:1). Deci, chiar dacă L-am primit pe Duhul Sfânt, El va fi stins treptat dacă continuăm să trăim în rău şi păcat.

Prin urmare, trebuie să ne străduim să ne schimbăm inimile până ajung să fie inimi de adevăr în totalitate. În 1 Ioan 2:25 scrie: „*Şi făgăduinţa, pe care ne-a făcut-o El, este aceasta: viaţa veşnică.*" Da, Dumnezeu ne-a dat o promisiune, dar ea vine cu o condiţie.

Ca să putem primi viaţa veşnică, trebuie să fim uniţi cu Domnul şi cu Dumnezeu trăind Cuvântul lui Dumnezeu pe care l-am auzit. Chiar dacă spunem că avem credinţă în Domnul, nu putem primi mântuirea decât dacă trăim în Dumnezeu şi în Domnul.

Procesul de creştere în duhul

Ioan 3:6 spune: „*Ce este născut din carne, este carne, şi ce este născut din Duh, este duh.*" După cum vedem, nu ne putem renaşte în duh dacă rămânem în fire.

Prin urmare, odată ce am primit Duhul Sfânt şi duhul nostru a fost reînviat, acesta trebuie să continue să crească. Ce se întâmplă dacă un bebeluş nu creşte cum trebuie, sau se opreşte din creştere? Acel copil nu va putea avea o viaţă normală. Este la fel şi cu viaţa spirituală. Copiii lui Dumnezeu care au primit viaţă trebuie să continue să crească în credinţă şi să-şi dezvolte duhul.

Biblia ne spune că fiecare are o măsură diferită de credinţă (Romani 12:3). Pasajul din 1 Ioan 2:12-14 ne vorbeşte despre diferitele niveluri de credinţă, de la credinţa copilaşilor, a copiilor, a tinerilor şi până la cea a părinţilor:

Vă scriu, copilaşilor, fiindcă păcatele vă sunt iertate pentru Numele Lui. Vă scriu, părinţilor, fiindcă aţi cunoscut pe Cel ce este de la început. Vă scriu, tinerilor, fiindcă aţi biruit pe cel rău. V-am scris, copilaşilor, fiindcă aţi cunoscut pe Tatăl. V-am scris, părinţilor, fiindcă aţi cunoscut pe Cel ce este de la început. V-am scris, tinerilor, fiindcă sunteţi tari, şi Cuvântul lui Dumnezeu rămâne în voi, şi aţi biruit pe cel rău.

În măsura în care ne schimbăm şi dobândim o inimă adevărată, Dumnezeu ne dă credinţa de sus. Este credinţa prin care putem crede din inimă, care „dă naştere duhului prin Duhul." Duhul se naşte prin Duhul Sfânt şi tot El ne ajută să ne mărim credinţa. Duhul Sfânt vine în inimile noastre şi ne învaţă despre păcat, neprihănire şi judecată (Ioan 16:7-8). El ne ajută să credem în Isus Cristos.

Tot El ne face să înţelegem semnificaţia spirituală din Cuvântul lui Dumnezeu şi ne ajută să L primim în inimă. În acest proces, putem redobândi chipul lui Dumnezeu şi putem deveni copii adevăraţi al lui Dumnezeu, care sunt oameni ai duhului şi ai duhului întreg.

Pentru ca duhul nostru să crească trebuie să dăm la o parte gândurile fireşti. Acestea apar când neadevărurile din inimă ies la iveală prin operaţiunile neadevărate ale sufletului. De exemplu, dacă aveţi păcate în inimă şi auziţi că cineva vă bârfeşte, la început veţi avea operaţiuni neadevărate ale sufletului. Veţi avea gânduri fireşti considerând persoana impertinentă, veţi fi ofensaţi şi veţi experimenta şi alte sentimente negative.

În acel moment Satana vă controlează sufletul. El este singurul care pune astfel de gânduri rele. Prin aceste operaţiuni ale sufletului, este stârnit neadevărul în inimă, adică lucrurile firii pământeşti cum ar fi mânia, ura, resentimentele şi mândria. În loc să încercaţi să-i înţelegeţi pe alţii, doriţi să-i confruntaţi imediat.

Aceste lucruri ale firii pe care le-am menţionat înainte ţin tot de gândurile fireşti. Dacă neprihănirea de sine a cuiva, conceptele sale sau teoriile ies la iveală prin operaţiunile sufletului sunt lucruri are firii pământeşti. Să presupunem că o persoană gândeşte că este bine să nu-şi compromită credinţa. Astfel, va continua să creadă că ideile lui sunt bune şi va ajunge să nu se împace cu alţii chiar în situaţii în care ar trebui să ia în considerare nivelul de credinţă şi circumstanţele celorlalţi. De asemenea, să presupunem că o persoană are o anumită părere despre ceva şi crede că va fi greu să depăşească situaţia luând în considerare realitatea acelei situaţii. Acesta la rândul lui este considerat un gând lumesc.

Chiar după ce L-am acceptat pe Domnul Isus şi am primit pe Duhul Sfânt, vom continua să avem gânduri fireşti în măsura în care nu ne-am lepădat de fire. Avem gânduri spirituale când ne amintim cunoştinţele legate de adevăr, adică Cuvântul lui Dumnezeu, dar avem gânduri fireşti când ne amintim cunoştinţele legate de neadevăr. Duhul Sfânt nu poate mobiliza cunoştinţa adevărului atâta timp cât avem gânduri fireşti.

Acest lucru îl vedem în Romani 8:5-8: *„În adevăr, cei ce trăiesc după îndemnurile firii pământeşti, umblă după lucrurile firii pământeşti; pe când cei ce trăiesc după îndemnurile Duhului, umblă după lucrurile Duhului. Şi umblarea după lucrurile firii pământeşti, este moarte, pe când umblarea după lucrurile Duhului este viaţă şi pace. Fiindcă umblarea după lucrurile firii pământeşti este vrăjmăşie împotriva lui Dumnezeu, căci, ea nu se supune Legii lui Dumnezeu, şi nici nu poate să se supună. Deci, cei ce sunt pământeşti, nu pot să placă lui Dumnezeu.”*

Acest pasaj ne spune că putem ajunge să trăim la nivelul duhului când ne lepădăm de gândurile fireşti. Cei care rămân în fire au gânduri fireşti şi, ca rezultat, au cuvinte, gânduri şi un comportament care nu sunt pe placul lui Dumnezeu.

Unul din exemplele cele mai clare de împotrivire faţă de Dumnezeu, datorită gândurilor fireşti, este cazul lui Saul prezentat în 1 Samuel 15. Dumnezeu i-a poruncit să-l atace pe Amalec şi să distrugă totul. Era pedeapsa pe care trebuiau să o primească amaleciţii pentru că, în trecut, I se împotriviseră lui Dumnezeu cu înverşunare .

Însă, după ce Saul a învins în luptă, a cruţat animalele cele mai bune spunând că le va da Domnului. De asemenea, l-a luat prizonier pe regele amaleciţilor, în loc să-l omoare. A dorit să arate ce poate face. Nu a ascultat din cauza gândurilor fireşti care izvorau din lăcomia şi aroganţa lui. Datorită faptului că era orbit de lăcomie şi aroganţă, a continuat să trăiască după gândurile lumeşti şi a avut o moarte tragică.

Motivul principal pentru care avem gânduri fireşti este neadevărul din inimă. Dacă am avea doar cunoştinţa adevărului în inimă, nu am putea avea gânduri fireşti. Cei care nu au niciun fel de gânduri fireşti înseamnă că au doar gânduri spirituale. Ei ascultă de vocea şi călăuzirea Duhului Sfânt, şi astfel pot fi iubiţi de Dumnezeu şi pot experimenta lucrările Lui.

Trebuie să ne lepădăm de neadevăruri şi să ne umplem de cunoştinţa adevărului care este Cuvântul lui Dumnezeu. Ca să fim umpluţi de ea, nu înseamnă să avem o cunoştinţă la nivelul minţii, ci trebuie să ne cultivăm inima prin Cuvântul lui Dumnezeu. În acelaşi timp, trebuie să înlocuim gândurile noastre cu cele spirituale. Când interacţionăm cu alţii sau ne uităm la anumite evenimente, nu trebuie să judecăm sau să condamnăm bazându-ne pe punctul nostru de vedere, ci trebuie să privim lucrurile prin adevăr. Trebuie să fim mereu atenţi să îi tratăm pe alţii cu bunătate, dragoste şi adevăr ca să ne putem schimba. Astfel, putem creşte spiritual.

Cultivarea unui pământ bun

Proverbe 4:23 spune: „*Păzeşte-ţi inima mai mult decât orice, căci din ea ies izvoarele vieţii.*" Cu alte cuvinte, sursa vieţii care ne dă viaţa veşnică vine din inimă. Putem culege roadele doar după ce semănăm seminţe pe teren ca ele să germineze, să înflorească şi să aducă roadă. În acelaşi fel, putem

aduce roadă spirituală doar după ce sămânţa Cuvântului lui
Dumnezeu cade pe terenul inimii noastre.

Cuvântul lui Dumnezeu, sursa vieţii, are două funcţii când
este semănat în inimă. Curăţă păcatele şi neadevărul din inimă şi
ne ajută să aducem roadă. Biblia ne dă multe porunci, iar acestea
se împart în patru categorii: fă, nu fă, ţine şi leapădă anumite
lucruri. De exemplu, Biblia ne spune să ne „lepădăm" de orice
lăcomie şi răutate. Exemple de „nu fă" pot fi „nu urî" sau „nu
judeca." Pe măsură ce împlinim aceste porunci, păcatele vor fi
îndepărtate din inimile noastre. Astfel, Cuvântul lui Dumnezeu
intră în inimă şi cultivă pământul inimii, făcându-l bun.

Totul ar fi în zadar dacă ne-am opri după ce am arat pământul.
Trebuie să semănăm seminţele adevărului şi ale bunătăţii pe
pământul cultivat ca să putem aducem cele nouă roade ale
Duhului Sfânt şi ca să primim binecuvântările Fericirilor şi
ale dragostei spirituale. A aduce roadă înseamnă a asculta de
poruncile care ne spun să păzim şi să facem anumite lucruri. Pe
măsură ce păzim şi punem în aplicare poruncile lui Dumnezeu
vom putea aduce roadă.

După cum am menţionat în prima parte a acestui capitol
când am vorbit despre „Cultivare", procesul prin care devenim
oameni ai duhului se aseamănă cu cultivarea pământului inimii
noastre. Transformăm un teren necultivat într-un teren bun
prin cultivarea pământului, îndepărtând pietrele şi curăţând
buruienile. Tot astfel, trebuie să ne lepădăm de lucrările şi
lucrurile firii pământeşti în ascultare de Cuvântul lui Dumnezeu

care ne spune să nu facem şi să ne lepădăm de anumite lucruri. Fiecare om are păcate diferite. Dacă scoatem rădăcina răului care este cel mai greu de îndepărtat, toate celelalte forme ale răului ataşate acesteia vor ieşi şi ele. De exemplu, dacă o persoană care are o măsură mare de gelozie o îndepărtează, toate celelalte forme de rău ataşate acesteia cum ar fi răutatea, bârfa şi minciuna vor fi scoase şi ele împreună cu ea.

Odată ce îndepărtăm rădăcina principală a mâniei, alte forme de păcat cum ar fi iritarea sau frustrarea vor fi scoase şi ele. Dacă ne rugăm şi încercăm să ne lepădăm de mânie, Dumnezeu ne dă harul şi puterea necesară, iar Duhul Sfânt ne ajută să ne lepădăm de ea. Pe măsură ce punem în aplicare Cuvântul adevărului în viaţa noastră de zi cu zi, vom avea parte de plinătatea Duhului Sfânt, iar puterea firii va fi diminuată. Să presupunem că cineva se mânie de zece ori pe zi dar, pe măsură ce frecvenţa se reduce la nouă, la şapte şi la cinci, până la urmă va ajunge să dispară. Când facem acest lucru şi ne transformăm inima în teren bun, lepădând naturile păcătoase, ea devine inima „duhului."

Pe lângă aceasta, trebuie să plantăm Cuvântul adevărului care ne spune să facem şi să păzim anumite lucruri, cum ar fi să iubim, să iertăm, să slujim pe alţii şi să ţinem ziua de odihnă. Nu începem să fim umpluţi cu adevărul doar după ce am terminat să îndepărtăm toate neadevărurile. Lepădarea de neadevăruri şi înlocuirea cu adevărul trebuie făcută simultan. Odată ce avem doar adevărul în inimă prin acest proces, putem fi consideraţi oameni ai duhului.

Unul dintre lucrurile de care trebuie să ne lepădăm pentru a deveni oameni ai duhului este păcatul care este în natura originară. Prin asemănare cu pământul în care a fost plantată sămânţa, aceste păcate ale naturii originare se deosebesc în funcţie de tipul de pământ. Aceste păcate au fost transmise de la părinţi la copii prin energia dătătoare de viaţă, numită „chi." De asemenea, dacă intrăm în contact şi acceptăm lucruri păcătoase când ne maturizăm, natura noastră devine mai păcătoasă. Păcatul din natura originară nu iese la iveală în circumstanţe normale şi este greu să ne dăm seama de el.

Deci, chiar dacă ne lepădăm de toate păcatele şi relele care sunt evidente, nu este uşor să îndepărtăm păcatul din profunzimea naturii noastre. Pentru a face acest lucru, trebuie să ne rugăm cu ardoare şi să depundem efort să-l găsim şi să-l îndepărtăm.

În unele cazuri, ajungem într-un punct în care stagnăm spiritual. Acest lucru se datorează naturii păcătoase. Pentru a îndepărta buruienile, trebuie să le scoatem din rădăcină, nu să rupem doar frunzele şi tulpina. În acelaşi fel, putem avea inima duhului doar după ce conştientizăm şi ne lepădăm de păcatul din natura noastră. Odată ce devenim oameni ai duhului, conştiinţa noastră va fi adevărul însuşi, iar inima noastră va fi umplută doar cu adevăr. Aceasta înseamnă că inima noastră va deveni duhul însuşi.

Rămăşiţele firii

Oamenii duhului nu au niciun pic de răutate în inimă şi sunt întotdeauna fericiţi pentru că sunt plini de Duhul. Totuşi, acest lucru nu este încă complet pentru că mai sunt „rămăşite ale firii." Aceste resturi ale firii sunt legate de personalităţile sau de natura originară a fiecăruia. De exemplu, unii sunt sinceri, neprihăniţi şi direcţi, dar le lipseşte generozitatea şi compasiunea. Alţii pot fi plini de dragoste şi dau cu bucurie altora, dar pot fi prea sentimentali, sau cuvintele şi comportamentul lor pot fi prea dure.

Datorită faptului că aceste caracteristici sunt rămăşiţe ale firii în personalităţile lor, îi afectează chiar după ce trăiesc prin duhul. Este la fel cu hainele care au pete vechi. Culoarea originală a materialului nu poate fi restaurată chiar dacă le spălăm foarte bine. Aceste urme ale firii nu pot fi considerate rău, dar trebuie să le îndepărtăm şi să ne umplem complet cu cele nouă roade ale Duhului care ne ajută să ajungem la nivelul duhul întreg. Putem spune că o inimă care nu are deloc neadevăr, ca un teren bine cultivat, este „duhul." Când sămânţa este semănată pe acest teren bine cultivat al inimii şi aduce roada frumoasă a duhului putem spune că este inima „duhului întreg."

Când împăratul David a ajuns la nivelul duhului, Dumnezeu i-a dat o încercare. Într-o zi, David i a poruncit lui Ioab să facă un recensământ. Acest lucru însemna să numere oamenii care pot merge la război. Ioab a ştiut că nu era un lucru bun înaintea lui Dumnezeu și a încercat să-l convingă pe David să nu o facă. Însă, David nu a vrut să asculte. Ca rezultat, a venit mânia lui Dumnezeu și au murit mulți oameni din cauza molimei.

David cunoștea foarte bine voia lui Dumnezeu, cum a putut să facă așa ceva? David a fost urmărit de împăratul Saul mult timp și a luptat în multe bătălii cu neamurile. Odată a fost urmărit de către fiul său și viața lui a fost în pericol. Însă, după ce a trecut mult timp și puterea lui politică și a țării s-au consolidat, a devenit mai nepăsător din moment ce nu mai trebuia să fie în alertă. Acum dorea să se mândrească cu numărul mare de oameni din țara lui.

După cum scrie în Exodul 30:12 „*Când vei socoti pe copiii lui Israel și le vei face numărătoarea, fiecare din ei să dea Domnului un dar în bani, pentru răscumpărarea sufletului lui, ca să nu fie loviți de nici o urgie, cu prilejul acestei numărători*", Dumnezeu a poruncit odată copiilor lui Israel să facă recensământ după Exod, dar cu motivul de a-i organiza. Fiecare dintre ei trebuia să dea DOMNULUI un dar în bani pentru răscumpărare, ca să-și amintească că sunt în viață prin protecția lui Dumnezeu și să se smerească. A face recensământul nu este un păcat în sine; poate fi făcut când este necesar. Însă, Dumnezeu dorea smerenie față de El prin recunoașterea faptului că puterea de a avea un număr atât de mare de oameni vine de la El.

Însă, David a făcut un recensământ chiar dacă nu i-a poruncit Dumnezeu. În esență, acest lucru a scos la iveală faptul că, în inima lui, el nu se baza pe Dumnezeu ci pe oameni fiindcă un număr mare de oameni însemna un număr mare de soldați, adică o națiune puternică. Când David și-a dat seama de greșeala lui, s-a pocăit imediat, dar era deja pe cale să întâmpine încercări mari. Molima s-a abătut peste toată țara lui Israel și 70.000 de oameni au murit.

Desigur, faptul că au murit atât de mulți oameni nu a fost din cauza aroganței lui David. Un împărat poate face un recensământ oricând, iar intenția lui nu era să păcătuiască. Prin urmare, din punct de vedere omenesc nu putem spune că a păcătuit. Însă, din punctul de vedere al lui Dumnezeu, care este perfect, El ar putea spune că David nu s-a încrezut total în El și că a fost arogant.

Însă, sunt lucruri care din punct de vedere omenesc nu sunt păcate, dar pentru un Dumnezeu, care este perfect, pot fi păcate. Acestea sunt rămășițele firii după ce o persoană ajunge la sfințenie. Dumnezeu a îngăduit o asemenea pedeapsă peste țară prin David, ca să-l perfecționeze și mai mult prin eliminarea acestor rămășițe ale firii. Însă, motivul principal pentru care a venit molima peste țară a fost faptul că păcatele poporului L-au mâniat pe Domnul. În 2 Samuel 24:1 citim: *„Domnul S-a aprins de mânie din nou împotriva lui Israel; și a stârnit pe David împotriva lor, zicând: «Du-te și fă numărătoarea lui Israel și a lui Iuda.»"*

Oamenii buni, care au putut fi mântuiți, nu au fost pedepsiți prin această molimă. Au murit cei care au făcut păcate care nu erau acceptabile înaintea lui Dumnezeu. La rândul lui, David a plâns și s-a pocăit când a văzut cum au murit oamenii datorită faptei lui. Prin urmare, Dumnezeu a atins două scopuri printr-un singur incident: i-a pedepsit pe oamenii păcătoşi şi, în acelaşi timp, l-a cizelat pe David.

După pedeapsă, Dumnezeu l-a lăsat pe David să aducă o jertfă în aria lui Aravna. David a făcut ce i-a spus Dumnezeu. S-a dus la locul cu pricina şi a început să pregătească construirea altarului şi astfel a redobândit harul Domnului. Prin această încercare, David s-a smerit şi mai mult şi a fost un pas mai aproape de a ajuge la nivelul duhului întreg.

Dovezi că am ajuns la nivelul duhului întreg

Dacă ajungem la nivelul duhului întreg, vor fi dovezi, ceea ce înseamnă că mai târziu vom aduce din plin roadele Duhului. Aceasta nu înseamnă că nu vom aduce nicio roadă până nu ajungem la acel nivel. Oamenii duhului trec printr-un proces prin care vor aduce roadele dragostei spirituale, roadele Luminii, cele nouă roade ale Duhului Sfânt şi Fericirile. Din moment ce sunt în proces, înseamnă că nu au ajuns să aducă aceste roade în totalitatea lor. Fiecare om duhovnicesc este la un nivel diferit în procesul aducerii roadelor spirituale.

De exemplu, dacă cineva ascultă de poruncile lui Dumnezeu care ne spun să păzim şi să ne lepădăm de anumite lucruri, aceasta înseamnă că nu ar avea ură sau ranchiună în nicio situaţie. Însă, în ce priveşte porunca lui Dumnezeu care ne spune să „facem" anumite lucruri, există diferenţe în măsura în care oamenii duhului aduc roade. De exemplu, Dumnezeu ne spune să iubim. Există un nivel la care nu urăţi pe alţii sau un alt nivel la care atingeţi inima altora prin slujire activă. Însă, există un nivel la care puteţi să vă daţi viaţa pentru alţii. Când rămâneţi la acest nivel putem spune că aţi cultivat duhul întreg.

Există diferenţe cu privire la felul în care oamenii aduc roadele Duhului Sfânt. În cazul celor care au ajuns la duhul întreg, unii pot aduce o anume roadă, la 50% din măsura completă, iar altă roadă la 70%. Unii pot să fie plini de dragoste dar să le lipsească stăpânirea de sine, iar alţii pot să fie plini de credincioşie, dar să le lipsească smerenia.

Oamenii duhului deplin aduc fiecare din roadele Duhului Sfânt într-o măsură completă. Duhul Sfânt controlează inima lor 100%, astfel că au armonie în toate lucrurile, fără să le lipsească ceva. Au o pasiune fierbinte pentru Domnul şi, în acelaşi timp, au stăpânire de sine şi se poartă bine în fiecare situaţie.

Sunt blânzi şi maleabili ca o bucată de bumbac şi, în acelaşi timp, au demnitatea şi autoritatea unui leu. Din dragoste caută folosul altora în toate lucrurile şi îşi sacrifică chiar viaţa pentru alţii fără să fie părtinitori. Urmăresc dreptatea lui Dumnezeu. Chiar dacă Dumnezeu le porunceşte să facă ceva imposibil din punct de vedere omenesc, ei ascultă cu „Da" şi „Amin."

Pe dinafară, ascultarea oamenilor duhului şi ai duhului întreg poate arăta la fel, dar în realitate este foarte diferită. Oamenii duhului ascultă pentru că Îl iubesc pe Dumnezeu, în timp ce oamenii duhului întreg ascultă pentru că înţeleg inima şi dorința lui Dumnezeu. Oamenii duhului întreg au devenit copii adevărați ai lui Dumnezeu, care Îi cunosc inima și care au ajuns la statura plinătății lui Cristos în toate aspectele. Ei urmăresc sfințirea în toate lucrurile, trăiesc în pace cu toată lumea și sunt credincioși în toată casa lui Dumnezeu.

În 1 Tesaloniceni 4:3 găsim scris: *„ Voia lui Dumnezeu este sfințirea voastră: să vă feriți de curvie"*, iar în 1 Tesaloniceni 5:23 spune: *„Dumnezeul păcii să vă sfințească El însuși pe deplin; și: duhul vostru, sufletul vostru și trupul vostru, să fie păzite întregi, fără prihană la venirea Domnului nostru Isus Hristos."*

Venirea Domnului Isus Cristos se referă la faptul că El se va întoarce să-Și ia copiii înainte de cei șapte ani ai Necazului cel Mare. Înainte de aceasta, trebuie să ajungem la nivelul duhului deplin și trebuie să ne păzim neîntinați pentru a-L întâlni pe Domnul. Odată ce ajungem la nivelul duhului întreg, sufletul și trupul nostru vor aparține duhului și Îl vom putea întâmpina pe Domnul fiindcă vom fi fără prihană.

Binecuvântările date oamenilor duhului și oamenilor duhului întreg

La oamenii duhului, sufletul le sporește, toate lucrurile le merg bine și sunt sănătoși (3 Ioan 1:2). Ei și-au lepădat chiar și păcatele din adâncul inimii și astfel sunt copii sfinți ai lui Dumnezeu în adevăratul sens al cuvântului și se pot bucura de autoritatea spirituală ca şi copii ai Luminii.

În primul rând, sunt sănătoşi şi nu se îmbolnăvesc. Odată ce ajungem să trăim în duhul, Dumnezeu ne protejează de boli şi de accidente şi ne putem bucura de o viaţă sănătoasă. Chiar dacă înaintăm în vârstă, nu vom îmbătrâni, nici slăbi şi nu vom avea riduri. Mai mult, dacă ajungem la nivelul duhului întreg, chiar şi ridurile vor dispărea. Vom întineri şi ne vom reîmprospăta puterile.

Când Avraam a trecut testul cu jertfirea lui Isaac, a ajuns la nivelul duhului întreg; a avut copii chiar după ce a ajuns la vârsta de 140 de ani. Înseamnă că a întinerit. De asemenea, Moise, care a fost cel mai smerit şi blând om de pe faţa pământului, a lucrat cu dăruire timp de 40 de ani după ce primise chemarea lui Dumnezeu la vârsta de 80 de ani. Chiar la vârsta de 120 de ani *„vederea nu-i slăbise, şi puterea nu-i trecuse"* (Deuteronom 34:7).

În al doilea rând, oamenii duhului nu au răutate în inimă, astfel că duşmanul diavolul şi Satana nu le pot aduce încercări şi necazuri. În 1 Ioan 5:18 scrie astfel: *„Ştim că oricine este născut din Dumnezeu, nu păcătuieşte, ci Cel născut din Dumnezeu îl păzeşte, şi cel rău nu se atinge de el."* Duşmanul diavolul şi Satana îi acuză pe oamenii fireşti şi le aduc necazuri şi încercări.

La început Iov fusese într-un stadiu în care nu se lepădase de răul din natura lui, iar când Satana l-a acuzat înaintea lui Dumnezeu, El a îngăduit ca Iov să fie încercat. Iov şi-a conştientizat păcatul şi s a pocăit în timp ce a trecut prin încercările aduse de acuzaţiile lui Satana. Însă, după ce s-a lepădat de răul din natura lui şi a ajuns să umble la nivelul duhului, Satana nu l-a mai putut acuza şi Dumnezeu l-a binecuvântat de două ori mai mult decât înainte.

În al treilea rând, oamenii duhului aud clar vocea Duhului Sfânt şi primesc călăuzirea Lui, astfel că sunt călăuziţi spre bunăstare tot timpul. Oamenii duhovniceşti au o inimă transformată prin adevăr şi trăiesc Cuvântul lui Dumnezeu. Tot ceea ce fac este bazat pe adevăr. Primesc instrucţiuni clare din partea Duhului Sfânt şi le execută întocmai. De asemenea, dacă se roagă pentru ceva, perseverează cu o credinţă neclintită până când rugăciunea le este ascultată.

Dacă ascultăm întotdeauna în acest fel, Dumnezeu ne va călăuzi şi ne va da înţelepciune şi pricepere. Dacă lăsăm toate lucrurile în mâna lui Dumnezeu, El ne va proteja chiar dacă mergem din greşeală pe o cale care nu este după voia Lui, iar dacă este vreo groapă adâncă în calea noastră, El ne va arăta cum să o ocolim şi va face ca toate să lucreze spre binele nostru.

În al patrulea rând, oamenii duhului primesc tot ceea ce cer; ei pot primi răspunsuri şi la dorinţe pe care le au în inimă. În 1 Ioan 3:21-22 spune: *„Preaiubiţilor, dacă nu ne osândeşte* *inima noastră, avem îndrăzneală la Dumnezeu. Şi orice vom cere, vom căpăta de la El, fiindcă păzim poruncile Lui, şi facem ce este plăcut înaintea Lui."* Aceasta este binecuvântarea pe care o pot primi.

Dacă umblă prin duhul, chiar şi cei care nu au talente sau cunoştinţe deosebite pot primi din plin nu doar binecuvântări spirituale ci şi materiale pentru că Dumnezeu va pregăti totul pentru ei şi îi va călăuzi.

Când semănăm şi cerem prin credinţă, vom primi binecuvântări îndesate şi clătinate care se revarsă pe deasupra (Luca 6:38) dar, în momentul în care umblăm prin duhul, vom culege de treizeci de ori mai mult şi după ce ajungem la nivelul duhului întreg vom culege de şaizeci sau de o sută de ori mai mult. Oamenii duhului şi ai duhului întreg pot primi lucrurile pe care le nutresc în inimă.

Binecuvântările date oamenilor duhului nu se pot descrie adecvat. Ei îşi găsesc desfătarea în Dumnezeu, iar El se bucură de ei. După cum vedem scris în Psalmul 37:4 *„ Domnul să-ţi fie desfătarea, şi El îţi va da tot ce-ţi doreşte inima"*, Dumnezeu le dă tot ceea ce au nevoie, fie bani, fie faimă, autoritate sau sănătate.

Astfel de oameni nu vor avea lipsuri la nivel personal şi nu prea au motive de rugăciune personale, astfel că se roagă pentru Împărăţie, pentru neprihănirea lui Dumnezeu şi pentru sufletele care nu Îl cunosc pe Dumnezeu. Rugăciunile lor sunt frumoase şi sunt o aromă plăcută înaintea lui Dumnezeu pentru că sunt bune, lipsite de păcat şi vizează alte suflete. Prin urmare, Dumnezeu se bucură de ei foarte mult.

Când aceşti oameni care au ajuns la nivelul duhului întreg iubesc sufletele şi adună rugăciuni fierbinţi, atunci pot manifesta puterea despre care este vorba în Faptele Apostolilor 1:8 *„ Ci voi veţi primi o putere, când Se va pogorî Duhul Sfânt peste voi, şi Mi veţi fi martori în Ierusalim, în toată Iudea, în Samaria, şi până la marginile pământului."* După cum am mai spus, oamenii duhului şi oamenii duhului întreg Îl iubesc pe Dumnezeu din toată inima, Îi sunt plăcuţi şi vor primi toate binecuvântările promise în Biblie.

Capitolul 2

Planul inițial al lui Dumnezeu

Dumnezeu nu a vrut ca Adam să trăiască veșnic fără
să cunoască adevărata fericire, bucurie, mulțumire și dragoste.
Din acest motiv, El a așezat pomul cunoștinței binelui
și răului ca Adam să poată experimenta lucrurile firești.

- De ce nu a creat Dumnezeu oamenii ca duh?

- Importanța voinței libere și a păstrării în memorie

- Scopul creării ființelor umane

- Dumnezeu dorește să primească slavă de la copii adevărați

ultivarea umană este un proces prin care oamenii fireşti sunt schimbaţi din nou în oameni ai duhului. Dacă nu înţelegem acest lucru şi mergem doar la biserică, acest lucru nu are însemnătate. Sunt mulţi oameni care merg la biserică dar care nu au fost născuţi din nou prin Duhul Sfânt şi, prin urmare, nu au siguranţa mântuirii. Scopul vieţii creştine nu se reduce doar la a primi mântuire, ci şi la a redobândi chipul lui Dumnezeu şi a împărtăşi dragostea noastră cu Dumnezeu slăvindu-L pentru totdeauna ca şi copii adevăraţi.

Care a fost intenţia iniţială a lui Dumnezeu când l-a creat pe Adam ca duh viu şi când S-a gândit la cultivarea oamenilor pe pământ? În Geneza 2:7-8 citim: „*Şi Domnul Dumnezeu a făcut pe om din ţărâna pământului, i-a suflat în nări suflare de viaţă, şi omul s-a făcut astfel un suflet viu. Apoi Domnul Dumnezeu a sădit o grădină în Eden, spre răsărit; şi a pus acolo pe omul pe care-l întocmise.*"

Dumnezeu a creat cerurile şi pământul prin Cuvântul Lui. Însă, în cazul omului, L-a modelat cu mâinile Lui. De asemenea, oastea cerească şi îngerii din Cer au fost creaţi ca duhuri. Însă, chiar dacă intenţia a fost ca omul să locuiască până la urmă în Cer, aceasta nu a fost intenţia de la început. Care este motivul pentru care Dumnezeu a ales un proces atât de complicat de a crea omul din ţărâna pământului? De ce nu l-a făcut ca duh de la început? Aici vedem planul special al lui Dumnezeu.

De ce nu a creat Dumnezeu omul ca duh?

Dacă Dumnezeu ar fi creat oamenii ca duh, nu din ţărâna pământului, aceştia nu ar fi putut experimenta nimic firesc. Dacă ar fi fost doar duhuri, ar fi ascultat Cuvântul lui Dumnezeu şi nu ar fi mâncat din pomul cunoştinţei binelui şi răului. Tipul de pământ poate fi schimbat în funcţie de ceea ce puneţi în el. Adam a putut fi corupt în pofida faptului că era într-un spaţiu spiritual din cauză că a fost creat din ţărâna pământului. Aceasta nu înseamnă că a fost corupt de la început.

Grădina Edenului este un spaţiu spiritual umplut cu energia lui Dumnezeu; prin urmare, era imposibil ca Satan să semene atribute fireşti în inima lui Adam. Însă, datorită faptului că Dumnezeu i-a dat voinţă liberă, Adam ar fi putut accepta firea dacă dorea şi era dispus să o facă. Deşi era un duh viu, firea era gata să intre dacă o accepta de bună voie. După o perioadă îndelungată şi-a deschis inima faţă de ispita lui Satana şi a acceptat firea.

De fapt, Dumnezeu le-a dat oamenilor voinţă liberă la

început în scopul cultivării umane. Dacă Dumnezeu nu i-ar fi dat voinţă liberă lui Adam, el nu ar fi acceptat nimic firesc. Aceasta înseamnă că nu ar fi avut loc cultivarea umană. În planul lui Dumnezeu pentru omenire, cultivarea umană trebuia să aibă loc. În omniscienţa Lui, Dumnezeu nu l-a creat pe Adam ca fiinţă spirituală.

Importanţa voinţei libere şi a păstrării în memorie

În Geneza 2:17 Dumnezeu a spus: *„dar din pomul cunoştinţei binelui şi răului să nu mănânci, căci în ziua în care vei mânca din el, vei muri negreşit."* După cum am explicat, în înţelepciunea Sa nepătrunsă, Dumnezeu l-a creat pe Adam din ţărână şi i-a dat voinţă liberă în scopul cultivării umane. Oamenii pot deveni copii adevăraţi ai lui Dumnezeu numai după ce trec prin procesul de cultivare umană.

Unul din motivele pentru care a intrat păcatul în Adam a fost faptul că avea voinţă liberă, iar altul a fost faptul că nu a păstrat Cuvântul lui Dumnezeu în minte. A păstra Cuvântul lui Dumnezeu în minte înseamnă a-L săpa în inimă şi a-L pune în aplicare fără a-L schimba.

Unii oameni continuă să facă aceeaşi greşeală în timp ce alţii nu fac aceeaşi greşeală de două ori. Diferenţa vine din faptul că unii păstrează lucrurile în memorie iar ceilalţi nu. Adam a ajuns să păcătuiască pentru că nu a ştiut importanţa păstrării Cuvântului lui Dumnezeu în minte. În aceeaşi ordine de idei, putem ajunge la o stare a duhului prin păstrarea Cuvântului lui Dumnezeu în minte şi prin punerea Lui în aplicare. De aceea, este foarte important să memorăm Cuvântul lui Dumnezeu.

Pentru acei oameni al căror duh e mort datorită păcatului originar, dacă Îl primesc pe Isus Cristos şi pe Duhul Sfânt, duhul lor va fi reînviat. Din acel moment, pe măsură ce păstrază Cuvântul lui Dumnezeu în memorie şi îl pun în aplicare, duhul lor va renaşte prin Duhul Sfânt. Vor putea creşte spiritual foarte rapid. Prin urmare, memorarea Cuvântului lui Dumnezeu şi punerea Lui în practică joacă un rol foarte important în renaşterea duhului.

Scopul creării fiinţelor umane

Sunt multe fiinţe spirituale în Cer, cum ar fi îngerii care ascultă de Dumnezeu totdeauna. Însă, cu excepţia câtorva cazuri speciale, aceştia nu au trăsături omeneşti. Nu au voinţă liberă cu care ar putea să-şi împărtăşească dragostea. Din această cauză Dumnezeu a creat primul om, Adam, ca fiinţă cu care să-Şi împărtăşească dragostea.

Imaginaţi-vă pentru moment bucuria lui Dumnezeu când l-a făcut pe primul om, Adam. Când îi modela buzele, Dumnezeu dorea ca el să-I aducă laudă; când îi făcea urechile, Dumnezeu dorea ca el să-I asculte vocea şi să o urmeze; când îi făcea ochii, Dumnezeu dorea ca el să vadă şi să simtă frumuseţea tuturor lucrurile pe care El le-a creat, şi să-I aducă slavă.

Dumnezeu a creat oamenii cu scopul de a primi laudă şi slavă de la ei şi de a-Şi împărtăşi dragostea cu ei. El dorea copii cărora să le poată împărtăşi frumuseţea tuturor lucrurilor din univers şi din Cer. Dumnezeu dorea ca ei să aibă parte de fericire alături de El pentru totdeauna.

În cartea Apocalipsa, vedem cum copiii lui Dumnezeu care sunt mântuiţi aduc laude şi se închină înaintea tronului lui Dumnezeu pentru veşnicie. Când vor ajunge în Cer şi vor vedea cât de frumos şi plin de bucurie este locul acela, nu vor putea decât să aducă slavă şi să se închine din adâncul inimii lor pentru că înţelepciunea lui Dumnezeu este atât de adâncă şi de nepătruns.

Oamenii au fost creaţi ca duh viu dar au devenit oameni fireşti. Însă, dacă ajung să fie din nou oameni ai duhului, după ce experimentează bucurie, mânie, dragoste şi întristare, atunci pot deveni copii adevăraţi ai lui Dumnezeu care oferă dragoste, mulţumire şi slavă lui Dumnezeu din adâncul inimii lor.

Când trăia în Grădina Edenului, Adam nu a putut fi considerat un copil adevărat al lui Dumnezeu. El primea doar bunătate şi adevăr şi nu ştia ce este răul şi păcatul. Nu avea nicio idee despre ce era nefericirea şi durerea. Grădina Edenului este un spaţiu spiritual şi acolo nu este moarte sau pieire.

Din acest motiv, Adam nu ştia ce înseamnă moartea. Deşi a trăit în abudenţă şi belşug nu a putut simţi adevărata fericire, bucurie sau mulţumire. Datorită faptului că nu experimentase niciodată întristare sau nefericire nu putea simţi adevărata fericire şi bucurie. Din moment ce nu ştia ce era ura, nu ştia nici ce era dragostea adevărată. Dumnezeu nu a vrut ca Adam să trăiască veşnic fără să cunoască adevărata fericire, bucurie, mulţumire şi dragoste. El a aşezat pomul cunoştinţei binelui şi răului în Grădina Edenului ca Adam să poată experimenta firea.

Când cei care au experimentat lumea firească devin din nou copii ai lui Dumnezeu vor înţelege cât de bun este duhul şi cât de preţios este adevărul. Acum pot mulţumi cu adevărat lui Dumnezeu pentru că le-a dat darul vieţii veşnice. Odată ce înţelegem astfel inima lui Dumnezeu, nu ne vom mai întreba de ce a creat pomul cunoştinţei binelui şi răului şi a lăsat oamenii să sufere din această cauză. Dimpotrivă, Îi vom aduce mulţumire şi slavă lui Dumnezeu pentru că Şi-a dat singurul lui Fiu Isus pentru a salva omenirea.

Dumnezeu doreşte să primească slavă de la copii adevăraţi

Dumnezeu nu cultivă omenirea doar ca să câştige copii adevăraţi, dar şi ca să primească slavă de la ei. Isaia 43:7 spune: *„pe toţi cei ce poartă Numele Meu şi pe care i-am făcut spre slava Mea, pe care i-am întocmit şi i-am alcătuit."* De asemenea, 1 Corinteni 10:31 ne spune: *„Deci, fie că mâncaţi, fie că beţi, fie că faceţi altceva: să faceţi totul pentru slava lui Dumnezeu."*

Dumnezeu este un Dumnezeu al dragostei şi al dreptăţii. Nu doar că a pregătit Cerul şi viaţa veşnică pentru noi dar şi L-a dat pe singurul Său Fiu ca să ne mântuiască. Dumnezeu este vrednic de slavă în special pentru acest lucru. Însă, Dumnezeu nu doreşte doar să primească slavă. Motivul principal pentru care Dumnezeu doreşte să fie proslăvit este ca să dea înapoi slavă celor care L-au glorificat. Ioan 13:32 spune: *„Dacă Dumnezeu a fost proslăvit în El, şi Dumnezeu Îl va proslăvi în El însuşi, şi-L va proslăvi îndată."*

Când Îl slăvim, Dumnezeu ne va binecuvânta nespus în viaţa de pe acest pământ şi ne va da slavă veşnică în Împărăţia Cerească. În 1 Corinteni 15:41 ni se spune: *„Alta este strălucirea soarelui, alta strălucirea lunii, şi alta este strălucirea stelelor; chiar o stea se deosebeşte în strălucire de altă stea."*

Acest verset ne vorbeşte despre slava şi locuinţele cereşti diferite pe care fiecare dintre noi, care suntem mântuiţi, le vom primi în Împărăţia Cerească în funcţie de cât de mult ne-am lepădat de păcate pentru a avea inimi curate şi sfinte şi cât de credincioşi am fost în slujire pentru Împărăţia lui Dumnezeu. Odată ce sunt date, acestea nu pot fi schimbate.

Dumnezeu a creat oamenii pentru a câştiga copii adevăraţi care sunt oameni ai duhului. Încă de la început, Dumnezeu a dorit ca oamenii să aleagă din proprie voinţă să se lepede de fire şi de lucrurile sufleteşti care ţin de neadevăr şi să devină oameni ai duhului şi ai duhului întreg. Intenţia iniţială a lui Dumnezeu cu privire la crearea şi cultivarea fiinţelor umane va fi dusă la îndeplinire prin oamenii care devin oameni ai duhului şi ai duhului întreg.

Câţi oameni care trăiesc azi sunt vrednici de scopul pentru care Dumnezeu a creat fiinţele umane? Dacă înţelegem cu adevărat scopul lui Dumnezeu în crearea fiinţelor umane, vom redobândi chipul lui Dumnezeu care a fost pierdut datorită păcatului lui Adam. Vom vedea, auzi şi vorbi doar adevărul şi toate gândurile şi faptele noastre vor fi sfinte şi perfecte. În acest fel devenim copii adevăraţi ai lui Dumnezeu care Îi aduc o bucurie mai mare decât cea pe care a avut-o când l-a creat pe Adam. Aceşti copii adevăraţi ai lui Dumnezeu se vor bucura în Cer de o slavă care nu poate fi comparată cu slava de care duhul viu, Adam, s-a bucurat în Grădina Edenului!

Capitolul 3
Ființa umană adevărată

Dumnezeu l-a creat pe om după chipul Său.
Dorința cea mai arzătoare a Lui este să recâștigăm imaginea pierdută
a lui Dumnezeu și să fim părtași naturii Lui divine.

- Datoria oamenilor

- Dumnezeu a umblat cu Enoh

- Avraam, prietenul lui Dumnezeu

- Moise și-a iubit poporul mai mult decât propria-i viață

- Apostolul Pavel a părut ca Dumnezeu

- I-a numit „dumnezei"

Dacă punem în aplicare Cuvântul lui Dumnezeu, putem redobândi inima duhului care este plină de cunoştinţa adevărului, ca şi cea pe care a avut-o Adam când a fost un duh viu, înainte să păcătuiască. Datoria oamenilor este să recâştige imaginea lui Dumnezeu pe care au pierdut-o datorită păcatului lui Adam, şi să se facă părtaşi naturii divine a lui Dumnezeu. În Biblie putem vedea că, cei care au primit Cuvântul lui Dumnezeu şi l-au proclamat, care au mărturisit tainele lui Dumnezeu şi au demonstrat puterea Lui pentru a-L arăta pe Dumnezeul cel Viu, au fost consideraţi atât de nobili încât şi împăraţii li s-au închinat. Aceştia erau copiii adevăraţi ai Dumnezeului celui Preaînalt (Psalmul 82:6).

Împăratul Nebucadneţar al Babilonului a avut un vis care l-a neliniştit. I-a chemat pe vrăjitori şi pe Haldei ca să-i spună şi să-i interpreteze visul, fără a le spune ce a visat. Acest lucru nu era posibil prin puterea omenească, ci doar prin puterea lui Dumnezeu care nu trăieşte în trup omenesc.

Daniel, care era un om al lui Dumnezeu l-a rugat pe împărat să-i dea puţin timp ca să primească interpretarea visului lui.

Dumnezeu i-a arătat lui Daniel aceste lucruri tainice într-o vedenie în timpul nopţii. Daniel s-a dus înaintea împăratului şi i-a spus visul şi tâlcuirea lui. Atunci împăratul Nebucadneţar a căzut cu faţa la pământ, s-a închinat înaintea lui Daniel şi a dat poruncă să i se aducă jertfe de mâncare şi miresme şi i-a dat slavă lui Dumnezeu.

Datoria oamenilor

Împăratul Solomon s-a bucurat de mai multă măreţie şi belşug decât oricine altcineva. Puterea împărăţiei unificate pe care a întemeiat-o tatăl său, David, a crescut şi multe ţări vecine i-au adus tribut. Împărăţia ajunsese la cea mai mare înflorire în timpul domniei lui (1 Împăraţi 10).

Dar, pe măsură ce a trecut timpul, Solomon a uitat harul lui Dumnezeu. A crezut că a făcut totul doar prin puterea lui. A neglijat Cuvântul lui Dumnezeu şi a încălcat porunca Lui de a nu se căsători cu femei străine. Când a îmbătrânit, a luat multe femei dintre neamuri, a zidit altare pe înălţimi după dorinţa concubinelor străine şi s-a închinat şi el idolilor.

Dumnezeu l-a prevenit de două ori să nu se ducă după dumnezei străini, dar Solomon nu a ascultat. În final, mânia lui Dumnezeu s-a abătut asupra lor în următoarea generaţie şi Israel s-a despărţit în două. Solomon putea să-şi ia tot ce dorea, însă în ultimele zile a declarat: *„O, deşertăciune a deşertăciunilor, zice Eclesiastul, o deşertăciune a deşertăciunilor! Totul este deşertăciune"* (Eclesiastul 1:2).

Şi-a dat seama că toate lucrurile din această lume sunt o

deşertăciune şi a spus în concluzie: „*Să ascultăm dar încheierea tuturor învăţăturilor: Teme-te de Dumnezeu şi păzeşte poruncile Lui. Aceasta este datoria oricărui om*" (Eclesiastul 12:13). A spus că datoria omului este să se teamă de Dumnezeu şi să păzească poruncile.

Ce înseamnă acest lucru? Frica de Dumnezeu înseamnă urârea răului (Proverbe 8:13). Cei care Îl iubesc pe Dumnezeu se leapădă de rău şi păzesc poruncile Lui; astfel împlinesc datoria oamenilor. Noi suntem fiinţe umane depline când cultivăm inima lui Dumnezeu şi recâştigăm chipul lui Dumnezeu. Haideţi să ne uităm la câteva exemple de patriarhi şi oameni care au avut o credinţă adevărată şi care au fost plăcuţi lui Dumnezeu.

Dumnezeu a umblat cu Enoh

Dumnezeu a umblat cu Enoh timp de trei sute de ani şi l-a luat la Cer în viaţă. Plata păcatului este moartea şi faptul că Enoh a fost ridicat la Cer fără să vadă moartea este o dovadă că Dumnezeu l-a considerat neprihănit. El a cultivat o inimă pură şi fără pată care se asemăna cu inima lui Dumnezeu. De aceea, Satana nu l-a putut acuza cu nimic când a fost luat la Cer în viaţă.

În Geneza 5:21-24 citim: „*La vârsta de şaizeci şi cinci de ani, Enoh a născut pe Metusala. După naşterea lui Metusala, Enoh a umblat cu Dumnezeu trei sute de ani; şi a născut fii şi fiice. Toate zilele lui Enoh au fost trei sute şaizeci şi cinci de ani. Enoh a umblat cu Dumnezeu; apoi nu s-a mai văzut, pentru că l-a luat Dumnezeu.*"

„A umbla cu Dumnezeu" înseamnă a fi cu Dumnezeu tot timpul. Enoh a trăit după voia lui Dumnezeu timp de trei sute de ani. Dumnezeu a fost cu el peste tot pe unde s-a dus.

Dumnezeu este Lumină, bunătate și dragoste. Pentru a umbla cu un astfel de Dumnezeu nu trebuie să avem niciun fel de întuneric în inimă, ci trebuie să fim umpluți cu dragoste și bunătate. Enoh a trăit într-o lume păcătoasă, dar a rămas curat. De asemenea, a adus lumii mesajul lui Dumnezeu. În Iuda 1:14 citim: *„Și pentru ei a prorocit Enoh, al șaptelea patriarh de la Adam, când a zis: «Iată că a venit Domnul cu zecile de mii de sfinți ai Săi.»"* După cum citim, Enoh a spus oamenilor despre a doua venire a Domnului și despre judecată.

Biblia nu ne spune nimic despre realizările lui Enoh, nici că ar fi făcut ceva măreț pentru Dumnezeu. Însă, Dumnezeu l-a iubit foarte mult pentru că Enoh L-a venerat, a trăit o viață sfântă și s-a ținut departe de rău. De aceea, Dumnezeu l-a luat la sine la o vârstă relativ tânără. Oamenii din acel timp trăiau 900 de ani și el a fost luat la 365. El era încă un om tânăr, plin de vigoare.

În Evrei 11:5 vedem că: *„Prin credință a fost mutat Enoh de pe pământ, ca să nu vadă moartea. Și n-a mai fost găsit, pentru că Dumnezeu îl mutase. Căci înainte de mutarea lui, primise mărturia că este plăcut lui Dumnezeu."*

Chiar și în zilele noastre, Dumnezeu dorește să trăim o viață sfântă și neprihănită, să avem o inimă curată și frumoasă, fără a fi pătați de lume, ca El să poată umbla cu noi tot timpul.

Avraam, prietenul lui Dumnezeu

Dumnezeu a dorit ca omenirea să-I cunoască un copil adevărat prin Avraam, „părintele credinței." Avraam a mai fost numit o „sursă de binecuvântare" și prietenul lui Dumnezeu. Un prieten este o persoană în care poți avea încredere și căreia îi poți împărtăși secretele. Desigur, au fost perioade de încercare până când Avraam s-a putut încrede pe deplin în Dumnezeu. Cum a devenit Avraam prietenul lui Dumnezeu?

Avraam a ascultat doar cu „Da" și „Amin." Când Dumnezeu l-a chemat să-și părăsească locul natal, el a ascultat fără să știe încotro va merge. De asemenea, Avraam a căutat pacea și folosul celorlalți. El trăia cu nepotul lui Lot, iar când au trebuit să se despartă, i-a dat dreptul nepotului lui să aleagă primul. El ar fi avut acest drept, dar i l-a dat nepotului.

În Genesa 13:9 vedem ce spune Avraam: „*Nu-i oare toată țara înaintea ta? Mai bine desparte-te de mine: dacă apuci tu la stânga, eu voi apuca la dreapta; dacă apuci tu la dreapta, eu voi apuca la stânga.*"

Fiindcă Avraam a avut o inimă așa de frumoasă, Dumnezeu i-a dat din nou promisiunea binecuvântării. În Geneza 13:15-16 vedem promisiunea lui Dumnezeu: „*căci toată țara pe care o vezi, ți-o da ție și semniței tale în veac. Îți voi face sămânța ca pulberea pământului de mare; așa că, dacă poate număra cineva pulberea pământului, și sămânța ta va putea să fie numărată.*"

Într-o zi, armatele unite ale mai multor împărați au atacat Sodoma și Gomora unde locuia nepotul lui Avraam, Lot, și au luat cu ei oamenii și prada de război. Avraam a condus trei sute optsprezece din oamenii lui viteji, născuți în casa lui, în urmărirea lor până la Dan. A adus înapoi toate bogățiile și pe nepotului lui, Lot, împreună cu avuțiile lui, precum și femeile și oamenii.

În această situație, împăratul Sodomei a vrut să-i dea bogățiile lui Avraam ca mulțumire, dar Avraam a spus: *„și jur că nu voi lua nimic din tot ce este al tău, nici măcar un fir de ață, nici măcar o curea de încălțăminte, ca să un zici: «Am îmbogățit pe Avram»"* (Geneasa 14:23). Nu ar fi fost rău să fi luat ceva de la împărat, dar Avraam a refuzat oferta pentru a demonstra că binecuvântările sale materiale vin doar de la Dumnezeu. El a căutat doar slava lui Dumnezeu cu o inimă atât de pură, fără dorințe egoiste, iar Dumnezeu l-a binecuvântat din abundență.

Când Dumnezeu i-a poruncit lui Avraam să îl aducă pe Isaac ca jertfă, el a ascultat imediat pentru că s-a încrezut în Dumnezeu care poate învia morții. În final, Dumnezeu l-a considerat părintele credinței și i-a spus: *„te voi binecuvânta foarte mult și-ți voi înmulți foarte mult sămânța, și anume: ca stelele cerului și ca nisipul de pe țărmul mării; și sămânța ta va stăpâni cetățile vrăjmașilor ei. Toate neamurile pământului vor fi binecuvântate în sămânța ta, pentru că ai ascultat de porunca Mea!"* (Geneza 22:17-18) Mai mult, Dumnezeu i-a promis că Fiul Lui, Isus, care va salva omenirea, se va naște din urmașii lui.

Ioan 15:13 spune: *„Nu este mai mare dragoste decât să-*

şi dea cineva viaţa pentru prietenii săi." Avraam a fost gata să-l dea ca jerfă pe singurul lui fiu, Isaac, care era mai preţios decât viaţa lui, arătându-şi astfel dragostea pentru Dumnezeu. El l-a considerat pe Avraam un exemplu de cultivare umană şi l-a numit prietenul Său pentru credinţa lui cea mare şi dragostea lui pentru Dumnezeu.

Dumnezeu este atotputernic şi, prin urmare, poate face totul şi ne poate da totul. Însă, El dă binecuvântări copiilor lui şi le răspunde la rugăciuni în măsura în care aceştia sunt schimbaţi după adevăr în procesul de cultivare umană, ca ei să simtă dragostea Lui şi să-I fie mulţumitori pentru binecuvântările Lui.

Moise şi-a iubit poporul mai mult decât propria-i viaţă

Când Moise a fost prinţ al Egiptului, a omorât un egiptean pentru a-şi ajuta poporul şi astfel a trebuit să fugă din palatul lui Faraon. De atunci încolo, a locuit în pustie ca păstor la o turmă de oi timp de patruzeci de ani.

Poziţia de păstor pe care a avut-o Moise nu a fost una înaltă şi a trebuit să renunţe la mândria lui şi la neprihănirea lui de sine pe care le avea când era prinţ al Egiptului. Dumnezeu a apărut înaintea acestui Moise umil şi i-a dat chemarea de a-i scoate pe copiii lui Israel din Egipt. Moise a trebuit să şi rişte viaţa pentru acest lucru, dar a ascultat şi s-a dus înaintea lui Faraon.

Dacă ne uităm la comportamentul copiilor lui Israel, putem vedea ce inimă mare a avut Moise când i-a acceptat și i-a primit pe toți acei oameni. Când aceștia au dat de greu, s-au plâns împotriva lui Moise și chiar au încercat să-l omoare cu pietre.

Când nu au avut apă, s-au plâns că le este sete, iar când au avut apă s-au plâns că nu au mâncare. Când Domnul le-a dat mană din cer, s-au plâns că nu au carne. Au spus că au mâncat lucruri bune în Egipt și considerau mana o mâncare rea.

Când Dumnezeu și-a întors fața de la ei, au venit niște șerpi din deșert și i-au mușcat. Au putut să fie salvați pentru că Dumnezeu a auzit rugăciunile stăruitoare ale lui Moise. Oamenii au văzut timp îndelungat că Dumnezeu era cu Moise, dar și-au făcut un idol, un vițel de aur, și i s-au închinat nu la mult timp după ce nu l-au mai văzut pe Moise. De asemenea, au fost ispitiți de femeile străine să comită adulter, ceea ce însemna și adulter spiritual. Moise s-a rugat cu lacrimi la Dumnezeu pentru popor și și-a pus viața în joc pentru iertarea lor, chiar dacă poporul nu și-a amintit harul pe care îl primise.

În Exodul 32:31-32 citim:

Moise s-a întors la Domnul, și a zis: „Ah! poporul acesta a făcut un păcat foarte mare! Și au făcut un dumnezeu de aur. Iartă-le acum păcatul! Dacă nu, atunci, șterge-mă din cartea Ta, pe care ai scris-o!"

Aici, faptul că a cerut ca să-i fie șters numele din carte înseamnă că nu ar fi fost mântuit și ar fi suferit în focul veșnic din iad, care este moartea eternă. Moise ştia acest lucru foarte bine, dar dorea ca oamenii să fie iertaţi chiar dacă ar fi trebuit să se sacrifice în acest fel.

Ce credeţi că a simţit Dumnezeu când l-a văzut pe Moise? Moise a înţeles foarte bine inima lui Dumnezeu care urăşte păcatul, dar doreşte să mântuiască pe păcătoşi. El îi era plăcut lui Dumnezeu şi era iubit foarte mult de El. Dumnezeu a ascultat rugăciunea plină de dragoste a lui Moise şi astfel copiii lui Israel au scăpat de la pieire.

Imaginaţi-vă că într-o parte este un diamant. Este fără cusur, de mărimea unui pumn. În altă parte, sunt mii de roci de mărime similară. Care este mai preţios? Indiferent cât de multe roci sunt acolo, nimeni nu ar da un diamant pe ele. Tot astfel, Moise, un om care a împlinit scopul cultivării umane, a fost mai preţios decât milioane de oameni care nu l-au împlinit (Exodul 32:10).

În Numeri 12:3 citim următoarele despre el: *„Moise însă era un om foarte blând, mai blând decât orice om de pe faţa pământului"*, iar în Numeri 12:7 Dumnezeu îl recunoşte spunând: *„Nu tot aşa este însă cu robul Meu Moise. El este credincios în toată casa Mea."*

Biblia ne spune în multe locuri cât de mult îl iubea Dumnezeu pe Moise. În Exodul 33:11 citim că *„Domnul vorbea cu Moise faţă în faţă, cum vorbeşte un om cu prietenul lui"*, iar în Exodul 33 vedem că Moise i-a cerut lui Dumnezeu să i se arate şi Dumnezeu i-a răspuns.

Apostolul Pavel a părut ca Dumnezeu

Apostolul Pavel și-a dedicat întreaga lui viață slujirii lui Dumnezeu și totuși a avut remușcări pentru trecutul lui, pentru că l-a prigonit pe Domnul. Prin urmare, a trecut mulțumitor și de bună voie prin încercări foarte grele spunând următoarele: *„Căci eu sunt cel mai neînsemnat dintre apostoli; nu sunt vrednic să port numele de apostol, fiindcă am prigonit Biserica lui Dumnezeu"* (1 Corinteni 15:9).

A fost închis, bătut de multe ori, deseori în pericol de moarte. De cinci ori a primit treizeci și nouă de lovituri de la evrei. De trei ori a fost bătut cu nuiele, o dată a fost lovit cu pietre, a naufragiat de trei ori și a petrecut o noapte și o zi în adâncul mării. A fost în multe călătorii, în primejdii pe râuri, în primejdii din partea tâlharilor, în primejdii din partea celor din neamul lui, în primejdii din partea păgânilor, în primejdii în cetăți, în primejdii în pustie, în primejdii pe mare, în primejdii între frații mincinoși; a trecut prin osteneli și necazuri, adesea prin nopți de veghe, în foame și sete, în posturi adesea, în frig și lipsă de îmbrăcăminte.

Suferințele lui erau atât de mari încât a spus următoarele în 1 Corinteni 4:9 *„Căci parcă Dumnezeu a făcut din noi, apostolii, oamenii cei mai de pe urmă, niște osândiți la moarte; fiindcă am ajuns o priveliște pentru lume, îngeri și oameni."*

Care este motivul pentru care Dumnezeu a îngăduit ca apostolul Pavel, care a fost un om credincios, să aibă parte de atâtea persecuții și dificultăți? Dumnezeu a dorit ca prin acestea

Pavel să devină un om cu o inimă frumoasă şi pură precum cristalul. În situaţii dificile în care a putut fi arestat sau omorât, Pavel nu a avut pe cine să se poată sprijini decât pe Dumnezeu. A găsit bucurie şi mângâiere în Dumnezeu. S-a lepădat complet de sine şi a cultivat inima Domnului.

Cuvintele mişcătoare ale lui Pavel denotă faptul că, datorită încercărilor, a devenit o persoană cu o inimă frumoasă. Nu a vrut să evite greutăţile deşi era greu pentru un om să le îndure. El şi-a declarat dragostea pentru biserică şi pentru membrii ei în 2 Corinteni 11:28 spunând: *„Şi, pe lângă lucrurile de afară, în fiecare zi mă apasă grija pentru toate Bisericile."*

În Romani 9:3 a spus următoarele cuvinte despre cei care doreau să-l omoare: *„Căci aproape să doresc să fiu eu însumi anatema, despărţit de Hristos, pentru fraţii mei, rudele mele trupeşti." Aici, „fraţii mei, rudele mele trupeşti"* se referă la evreii şi la fariseii care l-au persecutat şi l-au necăjit mult pe Pavel.

În Faptele Apostolilor 23:12-13 citim: *„La ziuă, Iudeii au uneltit şi s-au legat cu blestem că nu vor mânca, nici nu vor bea, până nu vor omorî pe Pavel. Cei ce făcuseră legământul acesta, erau mai mulţi de patruzeci."*

Pavel nu le-a făcut nimic personal ca să-l urască. Nu i-a minţit şi nu le-a făcut rău însă, pentru că predica Evanghelia şi făcea lucrări prin puterea lui Dumnezeu, s-au strâns şi au uneltit împotriva lui ca să-l omoare.

În pofida acestui lucru, s-a rugat ca acei oameni să fie mântuiţi, chiar dacă asta însemna că putea să-şi piardă propria lui mântuire. Din acest motiv, Dumnezeu i-a dat atât de multă putere: a cultivat atâta bunătate încât era gata să-şi sacrifice viaţa pentru cei care doreau să-i facă rău. Dumnezeu i-a dat puterea să facă lucrări extraordinare, astfel încât duhurile necurate şi bolile se îndepărtau chiar prin basmale sau şorţuri puse peste cei bolnavi, care înainte fuseseră atinse de trupul lui Pavel.

I-a numit „dumnezei"

Ioan 10:35 spune: *„Dacă Legea a numit 'dumnezei', pe aceia, cărora le-a vorbit Cuvântul lui Dumnezeu, – şi Scriptura nu poate fi desfiinţată."* Pe măsură ce primim Cuvântul lui Dumnezeu şi Îl punem în aplicare, devenim oameni ai adevărului, respectiv oameni ai duhului. Astfel ne asemănăm lui Dumnezeu care este duh, adică dacă devenim oameni ai duhului şi mai apoi ai duhului întreg. În aceeaşi măsură, devenim fiinţe care sunt ca Dumnezeu.

În Exodul 7:1 citim: *„Domnul a zis lui Moise: «Iată că te fac Dumnezeu pentru Faraon; şi fratele tău Aaron va fi proorocul tău»"*, iar în Exodul 4:16: *„El va vorbi poporului pentru tine, îţi va sluji drept gură, şi tu vei ţine pentru el locul lui Dumnezeu."* După cum am citit, Dumnezeu i-a dat lui Moise o putere aşa de mare încât era ca Dumnezeu înaintea oamenilor.

În Faptele Apostolilor 14 vedem cum, în numele lui Isus Cristos, Pavel a vindecat un om care nu umblase niciodată în viaţa lui. Când s-a sculat dintr-o săritură, oamenii au fost atât de uimiţi încât au exclamat: *„Zeii s-au pogorât la noi în chip omenesc."* După cum vedem în acest exemplu, cei care umblă cu Dumnezeu sunt ca Dumnezeu pentru că sunt oameni ai duhului, chiar dacă au trupuri omeneşti.

În 2 Petru 1:4 este descris acest lucru: *„prin care El ne-a dat făgăduinţele Lui nespus de mari şi scumpe, ca prin ele să vă faceţi părtaşi firii dumnezeieşti, după ce aţi fugit de stricăciunea, care este în lume prin pofte."*

Este dorinţa fierbinte a lui Dumnezeu ca oamenii să fie părtaşi firii dumnezeieşti, astfel că trebuie să ne lepădăm de firea pieritoare de care se bucură doar puterea întunericului şi trebuie să facem să renască duhul prin Duhul ca să ne facem părtaşi naturii divine.

Odată ce ajungem la nivelul duhului întreg, redobândim duhul complet. Acest lucru înseamnă că am recăpătat chipul lui Dumnezeu care a fost pierdut datorită păcatului lui Adam şi că am devenit părtaşi naturii divine.

Când am ajuns la acest nivel putem primi puterea care aparţine lui Dumnezeu. Această putere este un dar pentru copiii care se aseamănă cu Dumnezeu (Psalmul 62:11). Dovada că avem această putere este dată de semne şi minuni, de miracole extraordinare şi lucruri minunate făcute prin lucrarea Duhului Sfânt.

Dacă primim o astfel de putere, putem aduce nenumărate suflete pe calea mântuirii şi a vieţii. Petru a făcut multe minuni prin puterea Duhului Sfânt.

La una din predicile lui, au fost mântuiți mai mult de cinci mii de oameni. Puterea lui Dumnezeu este dovada că Dumnezeul cel viu este cu acea persoană și este o metodă sigură de a sădi credință în oameni.

Oamenii nu cred decât dacă văd semne și minuni (Ioan 4:48). Prin urmare, Dumnezeu își arată puterea prin oameni ai duhului întreg care au redobândit duhul pe deplin pentru ca ceilalți să poată crede în Dumnezeul cel viu, mântuitorul Isus Cristos, existența Cerului și iadului și în adevărul Bibliei.

Capitolul 4
Lumea spirituală

Biblia ne vorbeşte de multe ori despre lumea spirituală
şi despre cum au experimentat-o oamenii.
După viaţa de pe pământ vom merge în această lume spirituală.

- Apostolul Pavel cunoştea tainele lumii spirituale

- Spaţiul spiritual infinit descris în Biblie

- Cerul şi iadul există cu siguranţă

- Viaţa după moarte a sufletelor care nu sunt mântuite

- După cum soarele şi luna au o strălucire diferită

- Cerul nu poate fi comparat cu Grădina Edenului

- Noul Ierusalim, cel mai bun dar pentru copiii adevăraţi

Când îşi încetează viaţa, oamenii care au redobândit imaginea pierdută a lui Dumnezeu merg în spaţiul spiritual. Spre deosebire de spaţiul fizic, cel spiritual este infinit. Nu îi putem măsura înălţimea, adâncimea sau lărgimea.

Un astfel de spaţiu spiritual vast poate fi împărţit în spaţiul luminii, care aparţine lui Dumnezeu, şi spaţiul întunericului, care este destinat duhurilor rele. Împărăţia Cerurilor, pregătită pentru copiii lui Dumnezeu care sunt mântuiţi prin credinţă, se găseşte în spaţiul luminii. Evrei 11:1 spune: *„Şi credinţa este o încredere neclintită în lucrurile nădăjduite, o puternică încredinţare despre lucrurile care nu se văd."* După cum am spus, lumea spirituală este o lume pe care nu o putem vedea. După cum vântul, deşi real în lumea fizică, nu este uşor de evidenţiat dar totuşi există, tot astfel, când nădăjduim în credinţă pentru un lucru greu de nădăjduit în lumea fizică, manifestarea dovezilor existenţei sale confirmă faptul că este real.

Credinţa este poarta care ne conectează cu lumea spirituală. Este calea prin care noi, cei care trăim în lumea fizică, Îl putem întâlni pe Dumnezeu, care este în lumea spirituală. Prin credinţă, putem comunica cu Dumnezeu, care este duh. Putem auzi şi înţelege Cuvântul lui Dumnezeu cu urechile noastre spirituale deschise, iar cu ochii noştri spirituali deschişi putem vedea spaţiul spiritual care nu poate fi văzut cu ochii fizici.

Pe măsură ce credinţa noastră creşte, vom avea mai multă speranţă pentru Împărăţia Cerească şi vom înţelege inima lui Dumnezeu mai bine. Pe măsură ce vom cunoaşte şi vom simţi dragostea Lui, nu vom putea să nu-L iubim. Mai mult, odată ce primim credinţa perfectă, Dumnezeu va fi cu noi şi vom vedea lucrurile lumii spirituale care sunt imposibile în lumea fizică.

Apostolul Pavel cunoştea tainele lumii spirituale

Începând cu versetul din 2 Corinteni 12:1 Pavel explică experienţa lui din lumea spirituală: *„E nevoie să mă laud, măcar că nu este de folos. Voi veni totuşi la vedeniile şi descoperirile Domnului."* Se referă la experienţa în care a fost dus în Paradisul Împărăţiei Cereşti din cel de-a treilea Cer.

În 2 Corinteni 12:6 el spune: *„Chiar dacă aş vrea să mă laud, n-aş fi nebun, căci aş spune adevărul; dar mă feresc, ca să n-aibă nimeni despre mine o părere mai înaltă decât ce vede în mine, sau ce aude de la mine."* Apostolul Pavel a avut multe experienţe spirituale şi a primit revelaţii de la Dumnezeu, dar nu a putut vorbi despre tot ce ştia despre lumea spirituală.

În Ioan 3:12 Isus a spus: *„Dacă v-am vorbit despre lucruri pământeşti şi nu credeţi, cum veţi crede când vă voi vorbi despre lucrurile cereşti?"* Chiar după ce au văzut multe lucrări puternice cu ochii lor, ucenicii lui Isus nu L-au putut crede pe deplin pe Isus. Au ajuns să aibă credință adevărată doar după ce au fost martori la învierea Domnului. După aceea, și-au dedicat viețile lor împărăției lui Dumnezeu și răspândirii Evangheliei. La rândul lui, apostolul Pavel a cunoscut foarte bine lumea spirituală și și-a dus la îndeplinire datoria cu toată viața lui.

Există vreo modalitate prin care noi putem simți și înțelege lumea spirituală misterioasă asemenea apostolului Pavel? Cu siguranță că există. În primul rând, trebuie să avem o dorință după lumea spirituală. Aceasta dovedește că Îl recunoaștem și Îl iubim pe Dumnezeu, care este duh.

Spațiul spiritual infinit descris în Biblie

În Biblie, găsim multe lucruri despre lumea spirituală și despre experiențele spirituale. Adam a fost creat o ființă spirituală, un duh viu, care putea comunica cu Dumnezeu. Chiar după el, au trăit mulți profeți care au comunicat cu Dumnezeu și uneori l-au auzit vocea direct (Geneza 5:22, 9:9-13; Exodul 20:1-17; Numeri 12:8). Uneori îngerii au apărut înaintea oamenilor pentru a le da un mesaj de la Dumnezeu. De asemenea, citim despre cele patru făpturi vii (Ezechiel 1:4-14), despre heruvimi (2 Samuel 6:2; Ezechiel 10:1-6), despre care și cai de foc (Împărați 2:11, 6:17) care țin de lumea spirituală.

Marea Roșie a fost despărțită în două. Prin Moise, omul lui Dumnezeu, a ieșit apă din stâncă. Soarele și luna s-au oprit prin rugăciunea lui Iosua. Ilie s-a rugat şi a adus foc din cer, iar după ce şi a terminat lucrarea pe pământ a fost luat la Cer într-un vârtej de vânt. Acestea sunt câteva exemple în care lumea spirituală s-a întrepătruns cu spaţiul fizic.

Pe lângă acestea, în 2 Împăraţi capitolul 6, când armata siriană a venit să-l prindă pe Elisei, ni se spune că ochii slujitorului lui, Ghehazi, au fost deschişi spiritual şi a văzut împrejurul lui Elisei cai şi care de foc care-l protejau. Daniel a fost aruncat în groapa cu lei printr-o uneltire a căpeteniilor şi dregătorilor, dar nu a păţit nimic pentru că Dumnezeu a trimis un înger să închidă gura leilor. Ca să şi păstreze credinţa, cei trei prieteni ai lui Daniel nu au ascultat porunca împăratului şi au fost aruncaţi în cuptorul de foc, care era de şapte ori mai fierbinte decât de obicei, însă nici măcar un fir de păr nu le-a fost pârlit.

Isus, Fiul lui Dumnezeu, a luat chip de om când a venit pe pământ, dar El a operat în lucrurile lumii spirituale nelimitate, fără a fi restrâns de limitările spaţiului fizic. A înviat morţii, a vindecat diferite boli şi a umblat pe apă. Mai mult, după înviere s-a arătat celor doi ucenici în drum spre Emaus (Luca 24:13-16), a trecut prin pereţii casei şi s-a arătat ucenicilor care, de frica iudeilor, se închiseseră în casă (Ioan 20:19).

Aceasta este teleportarea, adică transcenderea spaţiului fizic. Ne arată că spaţiul spiritual transcende limitele de timp şi spaţiu. Pe lângă spaţiul fizic care este vizibil, există un spaţiu spiritual, iar El s-a deplasat în acel spaţiu pentru a apărea în locul şi la timpul dorit.

Copiii lui Dumnezeu care au cetăţenia cerească trebuie să îşi dorească lucrurile spirituale. Dumnezeu permite oamenilor care au această dorință să experimenteze lumea spirituală, după cum vedem în Ieremia 29:13 *„Mă veți căuta, și Mă veți găsi, dacă Mă veți căuta cu toată inima."*

Când avem această dorință și când ne lepădăm de neprihănirea de sine, de conceptele de sine și de modul de gândire egoist, atunci vom putea umbla în duhul și Dumnezeu ne va deschide ochii spirituali.

Apostolul Ioan a fost unul dintre ucenicii lui Isus (Apocalipsa 1:1, 9). În anul 95 d.Hr. a fost arestat de către Domițian, împăratul Romei, și a fost aruncat într-un vas cu ulei fierbinte, dar nu a murit, ci a fost exilat pe insula Patmos din Marea Egee. Acolo a scris cartea Apocalipsa.

Pentru a primi revelații profunde, Ioan trebuia să fi ajuns într-un anume stadiu, adică să fie sfânt fără să aibă vreo formă de rău și să aibă inima Domnului. A putut primi taine profunde și revelații despre Cer prin inspirația Duhului Sfânt, prin rugăciuni fierbinți care veneau dintr-o inimă curată și sfântă.

Cerul și iadul există cu siguranță

Cerul și iadul fac parte din lumea spirituală. La scurt timp după ce am deschis biserica Manmin, Dumnezeu mi-a arătat odată în rugăciune Cerul și iadul. Frumusețea și fericirea care se simt în Cer nu pot fi exprimate sau descrise în cuvinte.

În vremurile noi testamentare, cei care L-au primit pe Isus Cristos ca mântuitor personal au primit iertarea de păcate şi mântuirea. După ce îşi sfârşesc viaţa pe pământ, ei vor merge prima dată în mormântul de sus. Acolo, vor sta trei zile, timp în care se vor adapta la lumea spirituală, după care se vor duce în locul de aşteptare din Paradis, în Împărăţia Cerurilor. Tatăl credinţei, Avraam, a fost responsabil peste mormântul de sus până la învierea Domnului, de aceea găsim scris în Biblie că săracul era în „sânul lui Avraam."

Isus a predicat Evanghelia sufletelor din mormântul de sus, după ce şi-a dat ultima suflare pe cruce (1 Petru 3:19). După ce a predicat Evanghelia în mormântul de sus, a înviat şi a adus toate sufletele de acolo în Paradis. De atunci, aceste suflete care sunt mântuite stau în locul de aşteptare din Cer, care se află la marginea Paradisului. După judecata dinaintea scaunului de domnie mare şi alb, aceştia se vor duce în locaşurile lor cereşti în funcţie de măsura de credinţă a fiecăruia şi vor trăi acolo pentru totdeauna.

La judecata dinaintea scaunului de domnie mare şi alb, care va fi ţinută după terminarea cultivării umane, Dumnezeu va judeca fiecare faptă a oricărui om care s-a născut de la creaţie, fie că a fost bună, fie că a fost rea. Se numeşte judecata dinaintea scaunului de domnie mare şi alb pentru că scaunul de judecată al lui Dumnezeu va fi atât de strălucitor şi de luminos încât arată alb (Apocalipsa 20:11).

Această judecată va fi ţinută după cea de-a doua venire a

Domnului în văzduh şi după terminarea domniei de o mie de ani. Pentru sufletele mântuite va fi o judecată pentru răsplată, iar pentru cei care nu sunt mântuiţi va fi o judecată pentru pedeapsă.

Viaţa după moarte a sufletelor care nu sunt mântuite

Cei care nu L-au primit pe Domnul precum şi cei care s-au declarat credincioşi dar nu au fost mântuiţi vor fi luaţi de mesagerii iadului după moarte. Vor sta într-un loc care arată ca o groapă mare trei zile, timp în care se vor pregăti să meargă în mormântul de jos. Acolo îi aşteaptă doar o durere de nedescris. După trei zile, ei vor fi mutaţi în mormântul de jos unde îşi vor primi pedepsele în funcţie de păcatele lor. Mormântul de jos, care aparţine iadului, este la fel de mare ca şi Cerul şi sunt multe locuri pentru sufletele care nu sunt mântuite.

Sufletele stau în mormântul de jos şi primesc diferite pedepse până când are loc judecata dinaintea scaunului de domnie mare şi alb. Aceste pedepse includ sfâşierea de către insecte ori animale, sau torturi din partea mesagerilor iadului. După judecata dinaintea scaunului de domnie mare şi alb vor merge fie în iazul de foc, fie în cel de pucioasă, şi acolo vor suferi pentru totdeauna (Apocalipsa 21:8).

Pedepsele din iazul de foc şi de pucioasă sunt mult mai dureroase decât cele din mormântul de jos. Focul din iad este de neimaginat de fierbinte. Iazul de pucioasă este de şapte ori mai fierbinte decât cel de foc. Aceste locuri sunt pentru oamenii care au făcut păcate de neiertat cum ar fi hula şi împotrivirea faţă de Duhul Sfânt.

Dumnezeu mi-a arătat odată iazul de foc şi iazul de pucioasă. Aceste locuri erau imense şi umplute cu ceva asemănător cu aburul care se ridică deasupra izvoarelor termale şi puteam distinge oamenii. Unii se vedeau de la piept în sus, alţii erau imersaţi până la gât. În iazul de foc strigau şi se zvârcoleau, dar în iazul de pucioasă durerea era atât de mare încât nici nu se puteau zvîrcoli. Trebuie să credem că lumea invizibilă există şi trebuie să trăim pe baza Cuvântului lui Dumnezeu ca să primim mântuirea.

După cum soarele şi luna au o strălucire diferită

Pavel, când vorbeşte de trupul nostru după înviere, spune: *„Alta este strălucirea soarelui, alta strălucirea lunii, şi alta este strălucirea stelelor; chiar o stea se deosebeşte în strălucire de altă stea"* (1 Corinteni 15:41).

Strălucirea soarelui se referă la slava pe care o primesc cei care s-au lepădat complet de păcate, s-au sfinţit şi au fost credincioşi în toată casa lui Dumnezeu pe pământ. Strălucirea lunii se referă la slava pe care o primesc cei care nu au ajuns la slava soarelui. Strălucirea stelelor o primesc cei care nu au ajuns la slava lunii. De asemenea, după cum fiecare stea are o altă strălucire, tot astfel fiecare primeşte o slavă şi o răsplată diferită, chiar şi cei care merg în acelaşi locaş ceresc.

Biblia ne spune că fiecare va primi o slavă diferită în Cer. Răsplata şi locaşurile cereşti vor fi diferite după cât de mult ne-am lepădat de păcate, cât de multă credinţă spirituală am avut şi cât de credincioşi am fost în Împărăţia lui Dumnezeu.

Împărăţia Cerurilor are multe locaşuri pe care le primeşte fiecare în funcţie de măsura lor de credinţă. Paradisul este locul pentru cei cu cea mai puţină credinţă. Prima Împărăţie a Cerurilor este la un nivel mai înalt decât Paradisul, a Doua Împărăţie a Cerurilor este mai bună decât prima, iar a treia este mai bună decât a doua. Noul Ierusalim, în care este şi scaunul de domnie al lui Dumnezeu, se găseşte în cea de-a Treia Împărăţie a Cerurilor.

Cerul nu poate fi comparat cu Grădina Edenului

Grădina Edenului este un loc atât de frumos şi de liniştit încât nu poate fi comparat cu niciun alt loc de pe pământ, însă Grădina Edenului nu se poate compara cu Împărăţia Cerurilor. Fericirea care este simţită în Grădina Edenului este diferită de cea din Împărăţia Cerurilor pentru că Grădina Edenului este în al doilea Cer, iar Împărăţia Cerurilor este în al treilea Cer. Un alt motiv este faptul că, cei care locuiesc în Grădina Edenului, nu sunt copii adevăraţi pentru că nu au trecut prin procesul de cultivare umană.

Dacă presupunem că viaţa de pe pământ este o viaţă de întuneric, fără vreo lumină, atunci viaţa din Grădina Edenului este ca şi cum am trăi cu o lampă, iar viaţa din Cer este ca şi cum am avea lumini electrice puternice. Înainte de inventarea luminilor electrice, oamenii foloseau lămpi dar nu erau foarte puternice. Erau totuşi valoroase. Când oamenii au văzut prima dată luminile electrice au rămas uimiţi.

Am menţionat deja că oamenii vor primi locaşuri cereşti în funcţie de măsura lor de credinţă şi de inima duhului pe care au cultivat-o în timpul vieţii lor pe pământ. Fiecare locaş ceresc diferă în ceea ce priveşte slava şi fericirea simţită acolo. Dacă vom trece de nivelul de sfinţire pentru a fi credincioşi în toată casa lui Dumnezeu şi vom deveni o persoană a duhului întreg, atunci vom putea ajunge în Noul Ierusalim unde se găseşte scaunul de domnie al lui Dumnezeu.

Noul Ierusalim, cel mai bun dar pentru copiii adevăraţi

După cum a spus Isus în Ioan 14:2 *„În casa Tatălui Meu sunt multe locaşuri. Dacă n-ar fi aşa, v aş fi spus. Eu Mă duc să vă pregătesc un loc"*, sunt multe locaşuri în Cer. Scaunul de domnie al lui Dumnezeu se găseşte în Noul Ierusalim, iar Paradisul este locul pentru cei care abia au primit mântuirea.

Noul Ierusalim, care se numeşte şi cetatea slavei, este cel mai frumos dintre locaşurile cereşti. Dumnezeu doreşte nu doar ca toţi să primească mântuire, dar şi să meargă în acest loc (1

Timotei 2:4).

Un fermier nu poate culege doar grâu de cea mai bună calitate. Tot astfel, nu toţi care trec prin cultivarea umană devin copii adevăraţi ai lui Dumnezeu care au duhul întreg. Astfel, pentru cei care nu au calificările necesare pentru a merge în Noul Ierusalim, Dumnezeu a pregătit multe locaşuri începând de la Paradis, la Prima, a Doua şi a Treia Împărăţie a Cerurilor.

După cum o cocioabă este foarte diferită de un palat regal, tot astfel Paradisul şi Noul Ierusalim sunt foarte diferite. După cum părinţii vor să dea copiilor cele mai bune lucruri posibile, tot astfel şi Dumnezeu doreşte să devenim copii adevăraţi şi să ne bucurăm împreună cu El de toate lucrurile în Noul Ierusalim.

Dragostea lui Dumnezeu nu se limitează la un singur grup de oameni. Este pentru toţi cei care Îl primesc pe Cristos. Însă, locaşurile cereşti, răsplata şi măsura dragostei lui Dumnezeu care este dată vor fi diferite în funcţie de măsura fiecăruia de sfinţire şi de credincioşie.

Cei care merg în Paradis, în Prima Împărăţie a Cerurilor, sau în a Doua Împărăţie nu s-au lepădat complet de firea lor şi nu sunt în totalitate copii ai lui Dumnezeu. După cum copiii mici nu pot înţelege totul despre părinţii lor, tot astfel şi acestor oameni le este greu să înţeleagă inima lui Dumnezeu. Prin urmare, în dragostea şi dreptatea Lui, Dumnezeu a pregătit locuri diferite în funcţie de măsura de credinţă a fiecăruia. După cum ne simţim mai bine când suntem în preajma prietenilor de vârstă apropiată, tot astfel este mai plăcut şi mai confortabil pentru cetăţenii Cerului să fie în prejma celor care au niveluri de credinţă similare.

Cetatea Noul Ierusalim este de asemenea o dovadă a faptului că Dumnezeu a cules roade perfecte prin cultivarea umană. Cele douăsprezece pietre de temelie ale cetăţii dovedesc că inimile copiilor lui Dumnezeu care ajung acolo sunt atât de frumoase precum acele pietre preţioase. Poarta de mărgăritar arată că acei copii care trec prin ea au cultivat răbdarea în încercări după cum scoicile fac perle prin răbdarea lor.

Când aceşti oameni trec prin poarta de mărgăritar îşi amintesc de perioadele de răbdare şi perseverenţă prin care au trecut pentru a ajunge în Cer. Când merg pe străzile de aur, îşi amintesc de umblarea prin credinţă de pe pământ. Mărimea şi decoraţiunile locuinţelor pe care le-au primit le vor aminti cât de mult L-au iubit pe Dumnezeu şi cum L-au glorificat prin credinţa lor.

Cei care ajung în Noul Ierusalim Îl pot vedea pe Dumnezeu faţă în faţă pentru că au cultivat o inimă curată şi frumoasă precum cristalul şi au devenit copii adevăraţi ai lui Dumnezeu. Aceştia vor fi slujiţi de numeroşi îngeri şi vor trăi într-o fericire şi bucurie veşnică. Este un loc atât de sfânt şi de feeric încât depăşeşte imaginaţia omenească.

În Cer sunt felurite cărţi. Cartea Vieţii conţine numele celor mântuiţi. Pe lângă ea mai este cartea de aducere aminte, în care sunt trecute lucrurile care pot fi comemorate pentru totdeauna. Este aurie, are modele regale pe copertă şi se poate observa imediat că este o carte foarte valoroasă. În ea sunt consemnate detalii cum ar fi cine şi ce a făcut şi în ce situaţii, iar părţile importante sunt înregistrate pe video.

De exemplu, sunt consemnate fapte cum ar fi aducerea lui Isaac ca jertfă de către Avraam, cum a adus Ilie foc din Cer, cum a fost protejat Daniel în groapa cu lei sau cum focul nu a vătămat pe cei trei prieteni ai lui Daniel în cuptorul cu foc. Dumnezeu alege o anumită zi, deosebită, pentru a deschide o parte din carte şi a prezenta oamenilor conţinutul. Copiii lui Dumnezeu Îl ascultă cu bucurie şi Îi aduc slavă lui Dumnezeu cu laude.

De asemenea, în cetatea Noul Ierusalim au loc multe ospeţe, inclusiv cele organizate de Dumnezeu Tatăl. Sunt alte ospeţe organizate de Domnul, de Duhul Sfânt şi de profeţi cum ar fi Ilie, Enoh, Avraam, Moise şi apostolul Pavel. La rândul lor, credincioşii pot invita pe alţi fraţi la ospeţe. Ospeţele sunt punctul culminant al bucuriei în viaţa cerească. Acolo lumea poate vedea şi se poate bucura de belşug, de libertate, de frumuseţe şi de slava Cerului.

Chiar şi pe pământ oamenii se îmbracă frumos şi se bucură la ospeţe mari cu mâncare şi băutură. Este la fel şi în Cer. La ospeţele din Cer, îngerii cântă şi dansează, iar copiii lui Dumnezeu pot şi ei cânta şi dansa. Locul este umplut cu râsete vesele, cântece şi dans. Oamenii pot purta conversaţii cu fraţii în credinţă la mesele rotunde aflate ici şi colo, sau pot să-i salute pe patriarhii credinţei pe care şi-au dorit de mult să-i întâlnească.

Dacă sunt invitaţi la un ospăţ organizat de Domnul, credincioşii se vor strădui să se împodobească ca cele mai frumoase mirese ale Domnului. El este mirele nostru spiritual. Când miresele ajung în faţa palatului Domnului, sunt întâmpinate de doi îngeri aflaţi în ambele părţi ale porţii care străluceşte cu lumini aurii.

Pereţii palatului sunt decoraţi cu diferite pietre preţioase. Partea de sus a pereţilor este ornamentată cu flori frumoase care răspândesc o aromă delicată pentru miresele Domnului care sosesc acolo. Când miresele intră în palat, sunetul muzicii pe care îl aud le atinge adânc în duhul lor. Simt fericirea şi mângâierea prin sunetul laudei şi sunt mişcate de recunoştinţă când îşi amintesc de dragostea lui Dumnezeu care le-a condus în acel loc.

Inimile lor sunt pline de emoţii când, însoţite de îngeri, merg pe drumul de aur spre clădirea principală din palatul Domnului. Când se apropie de clădire, Îl văd pe Domnul care iese să le întâmpine. Ochii li se umplu de lacrimi şi aleargă spre Domnul pentru că vor să-L întâlnească cât mai repede.

Domnul îmbrăţişează miresele una câte una, cu faţa plină de dragoste şi compasiune şi cu braţele deschise. Le primeşte spunându-le „Veniţi! Miresele mele frumoase! Bine aţi venit!" Credincioşii care sunt primiţi atât de călduros de către Domnul îşi exprimă gratitudinea spunând: „Îţi mulţumesc din toată inima pentru această invitaţie!" Merg ţinându-se de mână cu Domnul, la fel cu îndrăgostiţii, privesc în jur şi discută cu El cum au dorit să o facă atât de mult când erau pe pământ.

Viaţa din Noul Ierusalim, alături de Dumnezeul triun, este plină de dragoste, bucurie, fericire şi veselie. Putem să-L vedem pe Domnul faţă în faţă, să stăm la pieptul Lui, să călătorim cu El şi să ne bucurăm de multe lucruri împreună. Ce viaţă fericită! Ca să ne putem bucura de ea, trebuie să fim sfinţi şi să ajungem să trăim la nivelul duhului şi al duhului întreg, nivel la care reflectăm inima Domnului pe deplin.

Prin urmare, haideţi să trăim la nivelul duhului întreg cu această speranţă, să primim binecuvântarea ca totul să ne meargă bine şi să fim sănătoşi, după cum şi sufletului nostru îi merge bine, iar mai târziu să ajungem cât mai aproape de scaunul de domnie al lui Dumnezeu în cetatea slavită Noul Ierusalim.

Autorul:
Dr. Jaerock Lee

Dr. Jaerock Lee s-a născut în anul 1943 în Muan, provincia Jeonnam din Republica Coreea. În jurul vârstei de douăzeci de ani, s-a înbolnăvit de nenumărate boli incurabile din cauza cărora a suferit timp de șapte ani și își aștepta moartea fără vreo speranță de vindecare. Însă, într-o zi din primăvara anului 1974, condus fiind de sora sa la o biserică în care a îngenunchiat să se roage, Dumnezeul cel Viu l-a vindecat instantaneu de toate bolile.

Din momentul în care dr. Lee L-a întâlnit pe Dumnezeul cel Viu prin acea experiență minunată, L a iubit din toată inima și cu toată sinceritatea, iar în anul 1978 a fost chemat să fie un slujitor al lui Dumnezeu. S-a rugat stăruitor să înțeleagă voia lui Dumnezeu cu claritate, să o împlinească pe deplin și să asculte de Cuvântul lui Dumnezeu. În anul 1982, a fondat Biserica Centrală Manmin în Seul, Coreea de Sud, biserică în care au avut loc nenumărate lucrări ale lui Dumnezeu, inclusiv vindecări miraculoase și minuni.

În 1986, dr. Lee a fost ordinat ca pastor în cadrul întâlnirii anuale a bisericii „Jesus' Sungkyul Church of Korea", iar patru ani mai târziu, în 1990, predicile sale au început să fie transmise în Australia, Rusia, Filipine și multe alte țări de către Far East Broadcasting Company, Asia Broadcast Station și Washington Christian Radio System.

Trei ani mai târziu, în 1993, Biserica Centrală Manmin a fost selecționată printre „Primele 50 de biserici din lume" de către revista *Christian World* din S.U.A., iar pastorul Jaerock Lee a primit din partea colegiului Christian Faith College, Florida, S.U.A. titlul de doctor onorific în teologie. În 1996 a terminat doctoratul în domeniul slujirii creștine la Kingsway Theological Seminary, statul Iowa, din S.U.A.

Începând din anul 1993, dr. Lee a preluat un loc de conducere în misiunea mondială prin nenumărate campanii de evanghelizare ținute peste hotare, în Tanzania, Argentina, în S.U.A în orașele: Los Angeles, Baltimore, New York, în statul Hawaii, în Uganda, Japonia, Pakistan, Kenya, Filipine, Honduras, India, Rusia, Germania, Peru, Republica Democrată Congo, Israel și Estonia.

În 2002 a fost numit un „pastor internațional" de către publicații creştine foarte cunoscute din Coreea pentru lucrarea sa din însemnate campanii unite de evanghelizare internaţionale. Campania New York 2006, care s-a ţinut în cea mai faimoasă arenă, Madison Square Garden, a fost transmisă în 220 de ţări, iar în Campania Unită Israel 2009, care s-a ţinut în Convention Center din Ierusalim, a proclamat cu îndrăzneală că Isus Cristos este Mesia şi Mântuitorul. Predicile sale sunt transmise în 176 de ţări prin satelit, inclusiv prin GNC TV şi a fost numit printre primii 10 lideri creştini însemnaţi în 2009 şi 2010 de revista rusească *In Victory* şi de agenţia *Christian Telegraph* pentru emisiunile sale televizate şi lucrarea de păstorire internaţională.

În mai 2015, numărul membrilor Bisericii Centrale Manim era de peste 120.000. Biserica are 10.000 de filiale în lume, care includ cele 56 de filiale din ţară. Până în prezent, peste 103 de misionari au fost trimişi în 23 de ţări, inclusiv S.U.A, Rusia, Germania, Canada, Japonia, China, Franţa, India, Kenya şi în multe alte ţări.

Până la data publicării acestei cărţi, dr. Lee a scris 99 de cărţi, inclusiv cărţile de mare succes *Gustând Viaţa Înainte de Moarte, Viaţa Mea, Credinţa Mea I şi II, Mesajul Crucii, Măsura Credinţei, Cerul I şi II, Iadul şi Puterea lui Dumnezeu*. Scrierile sale au fost traduse în peste 76 de limbi.

Articolele sale creştine apar în publicaţiile *Hankook Ilbo, JoongAng Daily, Chosun Ilbo, Dong-A Ilbo, Munhwa Ilbo, Seoul Shinmun, Kyunghyang Shinmun, Hankyoreh Shinmun, Korea Economic Daily, Korea Herald, Shisa News* şi *Christian Press.*

Dr. Lee deţine în prezent funcţii de conducere în cadrul mai multor organizaţii şi asociaţii misionare printre care: preşedintele consiliului bisericii United Holiness Church of Jesus Christ, preşedinte permanent al asociaţiei World Christianity Revival Mission Association, fondatorul şi preşedintele consiliului de conducere al reţelei Global Christian Network (GCN), fondatorul şi preşedintele consiliului director al reţelei World Christian Doctors Network (WCDN) şi al Seminarului Internaţional Manmin (Manmin International Seminary -MIS).

Cerul I & II

O prezentare detaliată a ambianţei strălucitoare de care se vor bucura cetăţenii cerului şi o frumoasă descriere a diferitelor niveluri ale împărăţiilor cereşti

Mesajul Crucii

Un mesaj răsunător de trezire spirituală pentru toţi cei adormiţi spiritual! În această carte este prezentat motivul pentru care Isus este singurul mântuitor şi expresia dragostei adevărate a lui Dumnezeu.

Iadul

Un mesaj convingător pentru toată omenirea din partea lui Dumnezeu care doreşte ca niciun suflet să nu piară în abisul iadului! Veţi citi relatarea nedezvăluită până acum despre realitatea cruntă din locuinţa morţilor şi din iad.

Viaţa Mea, Ccredinţa Mea I

Oferă cititorilor săi cea mai înmiresmată aromă spirituală a unei vieţi care a înflorit cu o dragoste fără egal pentru Dumnezeu, în mijlocul valurilor întunecate ale vieţii, a jugului rece şi în culmea disperării.

Măsura Credinţei

Ce fel de locaş, cunună şi răsplată vă sunt pregătite în cer? Această carte vă oferă călăuzire şi înţelepciune pentru a determina unde vă este nivelul de credinţă şi pentru a cultiva o credinţă de cel mai înalt grad de maturitate.